익숙한 관계 때문에 소통이 힘든
당신에게 필요한 소통법

〔왜 가까운 사이인데 소통이 어려울까?〕

박소연 김민경 박미란 이유나 고송이 강경옥 지음

차례

프롤로그　9

챕터 01
착한 대인관계 전략에 관하여

01　동화의 주인공은 다 착하다　15
02　'착한 바보'는 행복하지 않다　21
03　나를 지키는 행복한 대인관계 전략　31
04　착한 콩쥐는 못된 팥쥐를 용서했을까?　36

챕터 02
예민함에 관하여

01　나도 예민하고 싶다?　45
02　예민함이라는 능력에 대해서　51
03　마음인지 감수성 키우기　59
04　나도 가끔은 예민하다　68

챕터 03
솔직함에 관하여

01 솔직함이란 무엇인가?　73
02 솔직함에 대한 오해　80
03 왜 솔직해야 하는가?　87
04 솔직함 잘 쓰는 법　94
05 솔직함을 위한 바람직한 자세　108

챕터 04
인정(認定)에 관하여

01 인정(認定), 그 의미와 중요성　113
02 인정(認定), 왜 필요한가?　120
03 인정(認定), 어떻게 해야 하는가?　127
04 건강한 인정(認定)의 자세　139

차례

챕터 05

건설적 피드백에 관하여

01 성장의 도구, 피드백   149

02 망설일 필요 없는 건설적 피드백   156

03 효과적인 건설적 피드백의 기술   163

04 건설적 피드백을 위한 마음가짐   174

챕터 06

디베이트(Debate)에 관하여

01 디베이트(Debate)의 중요성   181

02 디베이트(Debate)를 해야 하는 이유와 못하는 이유   187

03 디스배틀이 아닌 디베이트(Debate)를 하기 위한 방법 3가지   196

04 문제해결의 최적안, 디베이트(Debate)   209

에필로그   217

참고문헌   220

저자소개   223

프롤로그

프롤로그

세상의 변화 속, 결국은 '관계'

"언택트 시대를 살아가지만 채워지지 않는 2%를 채워 주는 것은 결국 '휴먼 터치'다."

소비 트렌드 분석가인 이준영 교수의 말이다. 코로나 시국을 거치며 비대면 생활이 익숙해지고 세상은 너무나도 빠르게 변하고 있다. 기계가 발달하고 일하는 방식이 달라지고 있는 요즘, 변하지 않는 것이 있다면 무엇이 있을까?

사람과 사람 간에 거리두기를 하는 것이 자연스러운 언택트 시대에 살고 있지만, 여전히 '관계'는 중요하다. 관계를 만들고 유지하는 방법과 모양이 이전과 조금 달라졌을 뿐 사람들은 여전히 관계로 힘들어하고 관계 때문에 고민하고 있다. '관계'를 잘 유지한다는 것은 어려우면서도 중요한 일이다. 어쩌면 우리 일상 속 '관계'는 익숙하기 때문에 진지하게 생각해 보지 않았을 수도 있다. 혹은 내가 해 오던 관계의 방식이 '옳다'고 착각하며 살았을지도 모른다.

어떤 사람은 잠자리에 누웠을 때, 아무 고민 없는 '무탈한 하루'로 마무리를 하기도 하고, 때로는 익숙한 관계에서 오는 찝찝함 때문에 잠 못 이룬 날도 있을 것이다. 무엇이 잘못이었는지, 어디서부터 잘못되었는지, 앞으로 이 '관계'는 어떻게 해야 하는지, 한 번쯤 속앓이를 해 봤던 경험이 있을 것이다.

혼자가 편하다는 사람도 복잡한 관계가 지겨웠다는 사람도 '코로나19'가 지속되면서 오랜만에 만난 사람에게 '반갑다', '그리웠다'고 한다. 혼자 살아갈 수 없는 인간에게 가장 필요한 것은 '가깝고 편한 관계'이지 않을까?

왜 가까운 사이인데 소통이 어려울까?

· 관계[關係] : 둘 이상의 사람, 사물, 현상 따위가 서로 관련을 맺거나 관련이 있음

관[關]은 '관계하다' 외에도 '닫다', '가두다', '감금하다', '주다', '받다' 등의 다양한 의미가 있다. 계[係] 또한, '매다', '잇다', '얽다', '매달다', '매달리다' 등의 의미가 있다.

관계란 서로 잘 유지한다면 '익숙하고 편한 관계'가 될 수 있지만, 한 사람이라도 상대방에게 마음의 문을 닫거나, 받기만 하거나, 매달리기만 한다면 그 관계는 그저 '불편한 관계'가 될 뿐이다.

서로 가깝다고 생각했지만, 어딘가 모르게 불편했던 관계가 있는가? 혹은 오래된 인연이기 때문에 가까운 사람이라 생각했는데 간혹 불편한 관계라고 느낀 적이 있는가? 익숙한 관계 때문에 소통이 힘들었던 당신에게 이 책을 추천한다.

『왜 가까운 사이인데 소통이 어려울까?』에서는 우리가 일상 속 아무렇지 않게 생각했던 '관계'를 대하는 나의 모습, 그리고 부딪히고 싶지 않아 피하기만 했던 관계의 순간들을 잘 해결할 수 있는 방법을 제시한다. 저자들은 익숙한 소통 방법이나 뻔한 이야기로 관계를 유지하라고 하지 않는다. 어쩌면 낯설 수도 있는 소통 방법을 이야기하며 관계에 대해 진솔하게 이야기하고자 한다.

첫 번째, 착하게 구는 것도 전략적이어야 한다. 어떻게 하면 나를 지키며 대인관계를 전략적으로 유지할 수 있는가에 대한 내용이다. 두 번째, 예민한 사람은 상대방을 불편하게 만드는 사람일까? '예민함'에 대한 선입견을 없애고 '예민함'을 잘 활용해 보자. 세 번째, '솔직하게 말하면'이라고 말하는 사람은 정말 솔직한 사람일까? 진짜 '솔직함'이란 무엇인지 그리고 '솔직함'을 표현하려면 어떻게 해야 하는지 알아본다. 네 번째, 좋은 대인관계를 유지하는 데 도움이 되는 '인정'의 기술, 그리고 나 스스로를 인정하는 방법에 대해 이야기한다. 다섯 번째, 부정적인 피드백은 관계를 망치는 지름길일까? 관계를 지키고 성장을 도모하는 피드백에 대한 내용이다. 여섯 번째, 문제의 상황을 더 나은 결과로 만들어 내려면 어떻게 해야 할까? 피하고 싶은 상황을 오히려 도움이 되는 상황으로 만들 수 있는 '디베이트(debate, 논쟁)'에 대해 알아본다.

상대방의 마음이 내 마음 같지 않아 어려움을 겪고 있는가? 고단한 하루가 아닌 당신이 조금 더 설레고 편안한 일상을 보내길 바라며, 무탈한 하루와도 같은 이 책을 선물한다.

챕터 01

착한 대인관계 전략에 관하여

박소연 | 로젠탈 클래스 ON 원장

늘 착하게 살라고 가르침을 받아 착하게 살았는데 관계 속에서 나만 바보 같다고 느꼈던 적이 있는가? 내가 행복하지 않은 관계를 유지하고 있지 않은가? 내가 행복한 관계가 되려면 전략이 필요하다. 무조건 착하게 구는 것은 정답이 아니다. 나를 위한, 내가 행복하기 위한 대인관계 전략을 알아보자.

01

동화의 주인공은
다 착하다

우리는 왜 착하게 살아야 하는 걸까?
착하게 살면 어떤 점이 좋은지
행복과 대인관계는 어떤 상관관계가 있는지 알아보자.

권선징악

 '옛날 옛날 아주 먼 옛날에 작은 마을에 착한 주인공이 살고 있었어요'로 시작되는 전래동화와 이솝우화는 전 세계 사람들에게 익숙하다. 그런데 왜 동화는 주인공에 '착한'이라는 수식어를 붙이고 '착한' 캐릭터로 소개할까? 대부분의 동화 주제인 '권선징악'에서 그 이유를 찾을 수 있다. 권선징악이란 [勸; 권할 권, 善; 착할 선, 懲; 징계할 징, 惡; 악할 악] 착한 것은 권하고 악한 것은 벌을 준다는 뜻이다. 그래서 동화 속에선 '선'을 담당하는 착한 주인공과 주인공을 괴롭히는 '악'을 담당하는 또 다른 인물이 등장하는 것이다. 한 예로 '콩쥐팥쥐'를 볼 수 있다.

 못된 계모와 욕심 많은 팥쥐의 갖은 구박을 받으며 일만 하던 착한 콩쥐는 심지어 죽임까지 당한다. 그러나 주변의 도움을 받고 환생한 콩쥐는 마을의 원님과 행복하게 살았다. 동화 '콩쥐팥쥐'의 줄거리이다. 이처럼 동화 속 주인공은 '착한' 수식어와 함께 태어나며, 마지막은 행복하게 끝난다. 동화를 읽은 아이들은 모두 팥쥐보다는 콩쥐처럼 되길 상상한다. 어른들 역시 우리 아이가 주인공처럼 착하고 바르게 자라길 원한다. 동화뿐만 아니라 속담이나 격언을 보더라도 '착하게 살라'는 메시지를 주는 것이 많다. "가는 말이 고와야 오는 말이 곱다.", "뿌린 대로 거둔다."와 같은 격언 역시 그렇다.

우리는 왜 어렸을 때부터 착하게 살라는 강요 아닌 강요를 받는 걸까? 어른들의 가르침대로 착하게 살면 우리에게 좋은 일이 생길까? 아이들에게는 달콤한 캔디 정도는 생길 수 있을 것 같다. 그럼 성인이 된 지금도 과연 그럴까?

왜 착하게 살아야 하는 걸까?

계모와 언니들이 괴롭혀도 아빠에게 한 번도 이르지 않았던 신데렐라, 마녀의 끊임없는 속임수에도 속았던 백설공주, 주걱으로 뺨을 맞아도 감사하다는 흥부. 한국 동화도 외국 동화도 주인공은 다 착하다. 특히, 타인에게 절대적인 '선의'를 보여 준다. 어른이 되어서 다시 이야기를 곱씹어 보면 답답하고 화가 날 정도로 착하기만 한 주인공들이다.

착한 주인공들의 모습인 '권선징악'은 아이들에게 좋은 가르침을 준다.

특히 동화의 스토리로 교훈을 전달한 뒤 실제 아이의 행동에 대해 적절한 피드백을 하게 되면 그 가르침은 더욱 효과적이다. 착한 일을 하면 칭찬, 용돈 등의 긍정적 피드백, 나쁜 일을 하면 손 들고 서 있기, 벌받기 등의 부정적 피드백이 주어진다. 그러나 성인은 다르다. 착한 일을 하더라도 보상이 없을 수도 있다. 어렸을 때는 달콤한 캔디의 보상을 바라고 일부러라도 착한 일을 했다면, 성인은 무엇을 위해 착하게 살아야 할까? 달콤한 캔디도 주지 않는 타인에게 왜 '선의'를 베풀어야 할까?

어릴 때부터 우리는 '착하게 살아야 한다'는 마음가짐을 주입식 교육처럼 받아 왔다. 그럼 우리도 동화의 이야기처럼 타인에게 베풀면서 착하게 살면 오래오래 행복하게 살 수 있을까?

당신은 행복하신가요?

누군가 당신에게 "행복해지고 싶으신가요?"라는 질문을 한다면 어떻게 답하겠는가? 누구나 '그렇다'고 답할 것이다. 인간은 행복해지고 싶어 한다. 그리고 그 행복이 끊임없이 지속되길 바라고 갈망한다. 하지만 행복해지고 싶은 만큼 행복하기란 쉽지 않다. 인간에게 있어서 인생의 궁극적인 목표는 행복이다. 사람이 하는 행위는 결국 행복해지기 위해 행해지는 것들이다. 그렇다면 행복해지기 위해선 어떻게 해야 하는 걸까? 그 해답을 찾기 위해 연구한 결과는 다음과 같다.

하버드대학교 연구소에서 성인 724명을 72년 동안 연구한 결과, 주변 사람들과의 좋은 인간관계가 행복을 결정하는 중요한 역할이라고 결론을 내렸다[1]. 더불어 연구진은 배우자, 가족, 친구 그리고 공동체와의 관계를 중요하게 생각하는 사람들이 조금 더 행복하고 성공적인 삶을 살아간다는 것을 발견했다. 심지어 좋은 인간관계를 맺고 지냈던 사람은 그렇지 않은 사람에 비해 더 오래, 행복하게 살았다고 한다.

본 연구 결과뿐만 아니라 우리나라에도 이와 같은 연구 결과가 있다. 성인남녀의 가장 큰 스트레스 원인을 대인관계로 꼽았고, 대인관계에서 오는 스트레스는 삶의 질을 저하시키는 요인이라는 것이다[2]. 두 연구를 종합적으로 보면, 좋은 대인관계를 유지하는 것은 우리 삶의 질을 높이고 인생을 행복하게 살아갈 수 있는 가장 중요한 요인이라고 할 수 있다.

돈보다 더 중요한 대인관계 스트레스

태성 씨는 8년 동안 한 회사에 재직 중이다. 이만하면 워라밸도 잘 지켜지고 업무의 강도가 높은 편이 아니라 만족하고 다녔다. 그러나 요즘 들어 자꾸 퇴사하고 싶어진다. 누구나 마음속에 사직서를 품고 다닌다고 하지만, 태성 씨는 여차하면 바로 퇴사한다고 말할 기세다. 이유는 다름 아닌 함께 일하는 박 팀장 때문이다. 태성 씨는 주변 사람들에게도 성격이 모나지 않았다는 이야기를 듣는데, 이번 인사이동으로 처음 함께 일하는 박 팀장과는 이야기가 다르다. 좋은 게 좋은 거라고 박 팀장의 이유 없는 구박에도 그냥 웃으며 넘겼던 것이 화근일까? 이제는 다른 팀원들 앞에서 이유 없이 놀림거리의 대상이고 구박덩어리가 되었다. 한 번은 화를 냈더니 장난인데 왜 예민하게 받아들

이냐, 오늘따라 기분 안 좋냐며 오히려 태성 씨를 나무랐다. 이렇게 태성 씨의 감정을 무시하는 박 팀장과 한시도 같이 있기 싫다며 진지하게 이직을 고민하고 있다.

"일이 힘든 것보다 사람 때문에 힘든 건 못 참는다."라는 주변 사람들의 말을 들어 봤거나 그렇게 느껴 봤을 것이다. 실제로 퇴사한 사람들의 이유를 들어 보면 '대인관계 스트레스'를 1위로 이야기한다[3]. 심지어 2019년 취업포털 '사람인'의 조사에 따르면, 인간관계 스트레스로 퇴사를 고민한다고 응답한 직장인이 전체 응답자의 71.8%나 차지한다. 돈이나 적성에 대한 문제보다 결국 사람과의 관계가 힘들면 버티지 못한다는 것은 한 번씩 경험해 보았을 것이다.

하버드대학교 연구 결과를 보면 우리 삶의 질을 높이고 행복하게 살기 원한다면 좋은 대인관계를 유지하라고 한다. 하지만 실제 우리 삶을 들여다보면 좋은 대인관계를 유지하는 것은 매우 어려운 것임을 알 수 있다. 어릴 땐 '내가 어려서 대인관계가 어렵겠지.'라고 생각했는데, 성인이 되었다고 해서 관계를 잘 유지하는 것이 쉬운 일은 아니다.

동화에서 찾아보는 긍정적인 대인관계 유지 방법

행복한 삶을 살기 위해 좋은 대인관계를 유지해야 한다는 것을 충분히 인식했을 것이다. 그렇다면 좋은 대인관계를 유지하기 위해서 '나는 어떤 노력을 해야 하느냐?'를 생각해 보아야 할 필요가 있다.

동화 속 주인공들에게 배워야 할 대인관계 유지 비결은 바로 '선의'를 베푸는 것이다. "가는 말이 고와야 오는 말이 곱다."처럼 나에게 오는 말이 곱길 바라는 것이 아니라 내가 먼저 가는 말을 곱게 하는 것이다.

그럼, 이렇게 착하게 살면 동화에서 말하는 해피엔딩이 우리에게도 생길 수 있겠다. 원님과 결혼하는 것도, 금은보화가 가득한 호박씨를 제비가 물어다 주는 것도 아니지만 우리가 원하는 인생의 결말로 이어지지 않을까? 착하게 살면 우리가 원했던 해피엔딩이 내 눈앞에 펼쳐져 있을 것이다.

좋다. 그럼 이제 착하게 사는 법만 남았다. 과연 착하게 사는 것은 무엇을 말하는 것일까? 타인을 위해 무조건 '선의'를 보여 준 동화의 주인공처럼 사는 것이 정답인지 알아보자.

02

'착한 바보'는 행복하지 않다

무조건 착하기만 한 착한 바보는 행복하지 않다.
성공한 인생은 관계를 어떻게 유지했을까?

돈쭐낸다

소영 씨의 외할머니는 가족들을 오랜만에 만날 때마다 꼭 하는 말씀이 있다. "착하게 살아야 한다." 아마도 소영 씨가 어린 시절부터 말씀하셨던 것 같다. 한번은 "할머니 요즘 착하게만 살면 바보야. 착하게 산다고 누가 알아줘요?"라고 말대답을 했다. 그랬더니 할머니는 "사는 건 다 돌고 돈다. 네가 착하게 살면 그 사람이 너한테 착하게 굴지 않아도 다른 사람한테 복받고, 네가 받지 못하면 네 엄마가 받고, 네 엄마가 못 받으면 네 자식한테로 다 돌아갈 거야. 그러니 항상 덕을 쌓고 살아야 해."라고 답하셨다. 어렸을 때 소영 씨는 '아 그런가 보다.' 하고 할머니의 말씀을 대수롭지 않게 넘겼는데 나이가 들고 다른 사람들과 관계를 잘 유지하는 것이 어렵다는 것을 느낄수록 할머니의 말씀이 이해되었다.

꼭 누군가 알아주길 바라면서 착하게 사는 것은 아니지만, 그래도 누군가의 선행은 알려져야 한다고 생각한다. 매일 사건 사고를 알려 주는 뉴스에선 착하게 살아 잘된 소식보다 부정적인 사건들이 대부분을 차지하고 있다. 그런데, 가끔 아주 가끔 '아직 세상은 살 만하네.'라고 생각이 들 만한 일들도 나온다. 선행이 알려지면 사람들은 긍정적인 생각을 갖게 되고 나아가 '나도 선행을 해야겠다'는 동기부여를 받지 않을까?

어느 형제가 배가 고파 거리를 헤매다 치킨 가게 앞에서 동생이 치킨을 먹자며 형에게 떼를 썼다. 형은 5천 원밖에 돈이 없다며 동생을 달랬지만 동생은 울기까지 했다. 어쩔 수 없이 가게에 무작정 들어가 안 되는 줄 알면서 5천 원어치만 줄 수 있냐는 형제에게 치킨 가게 사장님은 일단 앉으라며 치킨과 음료까지 주고 돈도 받지 않았다. 형은 감사한 마음에 꾹꾹 눌러 쓴 진심을 담은 손편지를 치킨 가게 본사에 보냈고, 치킨 가게 본사에서는 이 일을 널리 알리며 뉴스를 통해 많은 사람들에게 전달되었다.

이 선행을 알게 된 사람들은 선행을 한 치킨 가게 사장에게 도움을 주기 위해 '많이 팔아 주는 운동'을 하기 시작했다. 가게 인근 주민들은 직접 찾아가 치킨을 팔아 주거나 혹은 치킨을 사지도 않고 돈을 건네기도 했다. 거리가 멀어 직접 오지 못하는 사람들은 배달 어플로 결제는 하되 치킨은 받지 않는 형식으로 구매를 했다.

네티즌들은 많이 팔아 주는 행동을 '돈쭐낸다'고 이야기를 한다. '돈쭐내다'는 '돈'과 '혼쭐내다'의 합성어로 '돈으로 혼내다'라는 의미로 사용한다. 아무 조건 없이 선의를 베푼 사람에게는 좋은 일이 생겨야 한다는 일념 하나로 사람들이 모여 복을 다시 돌려준 개념이다. 콩쥐, 흥부, 백설공주, 신데렐라 등 동화 속 주인공들도 결국은 행복하게 살아가는 모습으로 동화는 마무리된다. 결국 소영 씨의 외할머니 말씀처럼 착하게 살면 진짜 언젠가는 덕이 돌아올 거라는 것이 동화에서도, 실제 우리 일상에서도 증명이 되곤 한다. 곰곰이 생각해 보면 한 번쯤 착한 일을 하고 나서 더 크게 돌려받았던 경험이 한 번씩 있을 것이다.

무조건 착하기만 한 '착한 바보'

진아 씨는 주변 사람들 모두가 인정하는 착한 사람이다. 어려운 부탁도 무리해서 들어주는 경우가 종종 있어서 진아 씨의 주변인들은 그렇게 너무 착하지 말라고 걱정할 정도다. 주변 지인들의 피드백에 진아 씨는 '좋은 게 좋은 거'라며 괜찮다고 웃어넘겼다.

그런 진아 씨에게 요즘 고민이 생겼다. 진아 씨의 고등학교 단짝 친구 때문이다. 15년 동안 단짝 친구로 지내 서로에 대한 것을 모르는 게 없을 정도였는데, 요즘 따라 진아 씨는 친구를 만나는 것이 불편해졌다. 친구가 만나자고 하면 설렘이 가득했던 예전과는 달리 요즘은 만나자는 말조차 불편하다. 결국 만남의 횟수는 줄어들게 됐고, 친구는 진아 씨에게 자신을 피하는 것 같다며 서운해했다.

그러나 진아 씨도 나름의 고충이 있었다. 진아 씨가 5년 전 이사를 가게 되어 친구의 집과는 한 시간 반이나 걸리는 거리였는데, 처음엔 진아 씨도 친구 동네가 익숙하니 친구의 동네로 가는 것이 좋았다. 그러나 5년이나 넘는 긴

시간 동안 친구가 진아 씨 동네로 온 건 딱 한 번뿐이고 만날 때마다 진아 씨가 친구의 동네로 가게 된 것이다. 처음엔 괜찮았다. 익숙한 동네고 살았던 동네였으니까. 근데 한 번이 두 번 되고 1년이 5년이 되어 가다 보니 진아 씨도 지쳤다. 친구에게 내가 매번 갔으니 이번엔 네가 오라고 했을 때 "이곳이 익숙하고 좋지 않으냐, 네가 와라."라는 답변을 받고 다시는 묻지 않았다.

다른 사람들이 너무 당하고 살지 말라고 했을 때도 웃어넘기던 진아 씨는 '정말 내가 바보 같은가.' 하는 생각과 함께 15년 단짝 친구를 잃기 싫은 마음에 오늘도 잠 못 이룬다.

백설공주도 못된 왕비에게 죽임을 당할 뻔하지만 처음부터 독 사과를 먹고 쓰러진 것은 아니다. 왕비의 계속되는 나쁜 꼬임에 속고 속으며 그 지경에 이르게 된 것이다. 왕비는 백설공주가 자신보다 아름답다는 것을 질투한 나머지 노파 분장으로 백설공주를 찾아가 레이스 끈으로 목을 졸라 죽이려고 한다. 다행히 난쟁이들이 백설공주를 살려 준다. 왕비는 백설공주가 죽지 않은 것을 알자 또 다시 찾아가 빗에 독을 묻힌 뒤 백설공주가 머리를 빗게 했다. 또 다시 난쟁이들이 백설공주를 살려 준다. 왕비는 백설공주가 죽지 않은 것을 또 알게 되어 세 번째 찾아가 독 사과를 준다. 백설공주는 독 사과를 먹고 쓰러지게 되고 난쟁이들도 살릴 수 없어 유리관에 백설공주를 넣어 둔다. 다행히 왕자를 만나 우리가 아는 '행복하게 살았습니다'의 해피엔딩으로 마무리된다.

이쯤에서 백설공주의 이야기를 들으면 답답한 사람들이 있을 것이다. 한 번 속았으면 정신 차려야지 세 번째까지 노파를 불쌍히 여기어 난쟁이

들만 고생시킬 일이 뭐가 있냐는 말이다. 누군가는 착한 병에 걸렸다고 이야기하기도 하고 또 다른 심리학 책에서는 백설공주는 친엄마가 일찍 세상을 떠나 애정결핍이 있을 것이라고 이야기한다. 그러나, 목숨이 달린 문제다. 착한 것도 좋고 애정결핍도 이해하겠다. 본인의 목숨이 달린 문제인데 세 번씩이나 속는 것은 신중하지 못한 것은 아닐까?

'착하게 살면 만만하게 본다'고 이야기하는 사람도 있다. 아마 본인의 경험에서 나온 이야기일 수도 있다. 사실, 백설공주도 착하니까 못된 왕비가 만만하게 보고 자꾸 속이려 든 것이 아닐까? 처음에 레이스 끈으로 목을 졸라 죽이려 한 뒤, 독이 든 빗을 들고 찾아왔을 때 내쫓지는 않아도 최소한 경계는 했어야 하지 않을까? 늦어도 세 번째 독 사과를 가지고 왔을 땐 더더욱 말이다.

선의를 베푸는 것 자체가 잘못됐다는 것이 아니다. 다만 상대방이 나를 일명 '호구(어수룩하여 이용하기 좋은 사람을 비유적으로 이르는 말)'로 보는 것 같으면 즉시 선의를 중단할 필요가 있다는 것이다. 무조건 호의를 베푸는 것이 좋은 것은 아니다. 나의 선의에 대한 상대의 반응을 보며 선 긋기는 필요하다. 대인관계에서는 심리적 거리(Psychological Distance)를 유지할 필요가 있다[4]. 심리적 거리는 단순히 공간적 거리만을 의미하지 않는다. 물리적 간격을 공간적 거리라고 한다면, 심리적 거리는 마음의 간격이다. 관계 속에서 불편함을 느꼈다면 물리적 거리와 심리적 거리도 함께 간격을 넓혀야 한다.

기브 앤 테이크

아담 그랜트의 『기브 앤 테이크』 내용을 바탕으로 보면 대인관계에서 상대방을 대하는 방법은 3가지로 구분할 수 있다[5].

테이커(Taker)	기버(Giver)	매처(Macher)
• 자신이 준 것보다 더 많이 받기를 바람 • 상호 관계를 입맛에 맞게 왜곡하고 다른 사람에게 필요한 것보다 자신의 이익을 우선시함 • 세상을 치열한 경쟁으로 바라봄 • 내 것은 내가 챙겨야 한다는 생각을 가지고 있음	• 상호관계에서 상대방에게 더 많은 관심을 둠 • 자기가 받는 것보다 더 많이 주기를 좋아함 • 타인에게 중점을 두고 자신이 상대를 위해 줄 수 있는 것이 무엇인지 주의 깊게 살핌	• 공평함이 원칙 • 손해와 이익이 균형을 이루도록 애씀 • 남을 도울 때 상부상조의 원리를 내세워 자기 이익을 보호함

대인관계에서 어떤 사람이 가장 행복한 대인관계를 유지하고 있을까? 성공한 사람, 성공하지 못한 사람을 구분 지었을 때 가장 성공하지 못한 사람은 기버라고 한다. 진아 씨와 같이 대인관계뿐만 아니라 생활의 모든 부분에서 주기만 하는 사람이라면 타인의 성공을 돕느라 정작 자신의 성공엔 신경을 쓰지 못할 수도 있다. 그렇다면 가장 성공한 사람은 누구일까? 재밌는 사실은, 가장 성공한 사람들도 기버라는 것이다. 다만 성공한 기버와 실패한 기버는 분명한 차이점이 존재했다[5].

성공한 기버	실패한 기버
• 자신의 이익을 도모하는 데도 적극적임 • 받는 것보다 더 많이 주되, 자신의 이익도 잊지 않으며 언제, 어디서, 어떻게, 누구에게 베풀지 구체적으로 생각함 • 야심이 큼	• 이기심 없이 베풀기만 함 • 상대방의 이익을 중요시하고 자신의 이익을 하찮게 여김 • 자신의 욕구를 돌보지 않고 상대방을 위해 시간과 노력을 바침 • 야심이 없음

성공한 기버(Giver)

착함에도 자신을 존중하고 자신에게 먼저 베푸는 사람과 타인을 위해서만 베푸는 사람이 있다는 것을 확인했다. 마찬가지로, 무조건 착하기만 한 것은 '호구'가 될 수 있다는 것도 확인했다. 만만한 호구로 전락하는 것은 기버에게 닥칠 수 있는 가장 끔찍한 악몽이다. 그렇다면 선의를 베풀되 '호구'가 되지 않으려면 어떻게 해야 할까? 성공한 기버는 자신의 성공을 위해서 스스로 돕는다고 했다. 그렇다면 대인관계에서도 자신의 성공, 즉 인생에서의 궁극적인 목적인 행복을 위한 기버가 되려면 어떻게 해야 할까. 특히 자신의 행복을 최우선으로 두고 행복한 대인관계를 유지하는 방법에 대해 알아보자.

게임 이론가들이 말하는 전략 중 '팃 포 탯(tit for tat)'이라는 전략이 있다. 받은 대로 갚기 혹은 맞대응이라고 해석을 하는데, 우리나라 말로 '눈에는 눈, 이에는 이' 전략이다. '팃 포 탯' 전략은 다음과 같다.

1) 협력으로 시작할 때 상대가 경쟁적으로 돌변하지 않는 한 그 태도를 유지한다.
2) 상대가 경쟁적일 때는 똑같이 경쟁적으로 대응한다.

'팃 포 탯' 전략은 우리 주변에서 적잖게 사용되고 있다. 특히 정치 외교에서 많이 사용된다. 코로나19로 전 세계가 떠들썩하던 2020년, 세계 각국은 코로나19를 막기 위해 나라 문을 걸어 잠갔다. 일본은 한국 내 입국 금지, 사증 제한, 검역 강화, 항공 선박 제한 등 4개 부문에서 전방위 조치를 취했다. 그러나 우리나라에서는 "투명하고 강력한 방역 시스템을 통해 코로나19 확산과 차단 성과를 일궈 가는 시점에서 그 조치는 매우 부적절하고 그 배경에 의문이 생긴다."라고 꼬집으면서 상응 조치를 시행했다. 우리 정부는 일본의 일방적인 제한 강화로 인해 발생하는 우리 국민의 불편과 피해 양상에 따라 대응 강도를 높이겠다는 점을 분명하게 하면서 '팃 포 탯' 전략을 사용했다.

'팃 포 탯' 전략은 전형적인 매처의 전략이다. 하지만 대인관계에서 매처는 다소 '계산적이다'는 평가를 받을 수 있다.

그렇다면, 매처의 전략인 '팃 포 탯' 전략보다 더 나은 전략이 있을까? 우리가 기억해야 할 것은 '복수'가 아니다. 처음 선의를 베풀 때의 의도는 무엇인가를 받고자 하는 마음이 아닌 진정한 마음에서 우러나오는 '선의'여야 한다. 그렇다면 복수하지 않고 스스로 돕고 나를 행복하게 만드는 대인관계의 전략은 무엇인지 알아보자.

행복한 대인관계 유지

"상식과 반대되는 것처럼 보일 수도 있지만, 이타적으로 행동할수록 관계에서는 더 많은 이익을 얻습니다. 다른 사람을 도와주면 금세 평판이 좋아지고 가능성의 세계가 더 넓어집니다."

- 링크드인 창업자 리드 호프먼

"내 인맥은 천천히 구축되었습니다. 나와 관계가 있는 사람들이 보다 나은 인생을 살아가도록 돕고 싶다는 마음으로 일상생활의 소소한 부분에서 친절한 태도와 행동을 지속하다 보니 시간이 흐르면서 인맥이 구축된 겁니다."

2011년 〈포춘 Fortune〉이 선정한 전 세계 유력인사 640인과 가장 많이 연관된 인물인 애덤 리프킨이 한 말이다.

리드 호프먼과 애덤 리프킨의 성공한 사람들에 대한 말을 정리해 보자면, 대인관계에서 처음 보낸 선의는 다른 사람들이 보다 나은 인생을 살아가도록 돕고 싶다는 진정한 마음에서 나온 선의이다. 그리고 '다른 사람들을 돕는 역할을 한다면 천천히 좋은 인맥을 구축하며 결국 지금보다 훨씬 나은 삶을 살 수 있다'고 해석해 볼 수 있겠다.

우리가 배웠던 '착하게 살아야 한다'는 교훈은 틀리지 않았다. 결국 선의를 베푸는 사람은 인생을 성공적으로 살 수 있다는 것을 현재 성공한 사람들이 증명해 주고 있다. "가는 말이 고와야 오는 말이 곱다."라는 속담이 말하듯, 내가 먼저 말과 행동을 곱게 해야 한다는 것이다. 결국 계산하지 않고 선의를 먼저 베푸는 것이 우리가 해야 할 역할이다.

또한, '눈에는 눈, 이에는 이'처럼 '상대방이 한 대 때리면 같이 한 대 때리자'고 하는 것이 아니다. 한 대를 맞았으면 또 맞지 않기 위해 나를 보호하는 방법을 알고 있어야 한다는 것이다. 가는 말을 곱게 했음에도 오는 말이 곱지 않다면 그 관계는 나를 힘들게 하는 관계가 될 수 있다. 나를 행복하게 만들어 주는 대인관계는 어떤 것인지 대인관계 패턴에도 나만의 전략을 만들어 보자.

03

나를 지키는
행복한 대인관계 전략

상대방과의 관계 패턴을 알아보고,
나의 행복을 지키며 관계를 유지할 수 있는 비결.
COSE 전략을 알아보자.

관계 패턴의 이해

대인관계에서 고민이 없다면 다행이지만, 간혹 특정한 사람을 만나면 불편해지는 경험을 해 본 적이 있을 것이다. 만약, 지금 불편한 사람이 있다면 어떤 부분이 불편한지 그 사람과의 관계에서 나의 관계 패턴은 어떤지 깊이 고민해 볼 필요가 있다.

대인관계 패턴 질문지는 CCRT(Core Conflictual Relationship Theme)를 기초로 이 책에서 다시 구성하였다[6]. 현재 대인관계가 불편한 사람이 있다면 질문에 대한 답변을 신중히 해 보길 바란다. 질문과 답변을 통해 당신의 대인관계 전략이 바뀔 수 있다.

구분	질문	답변
1	그 사람과의 관계에서 안정감을 갖고 싶은가?	
2	그 사람은 당신에게 얼마나 중요한 사람인가?	
3	그 사람에게 의지하고 싶은가? 의지하고 싶다면 왜 의지하고 싶은가? 의지하고 싶지 않으면 이유는 무엇인가?	
4	그 사람은 당신을 존중해 주는가? 이유는 무엇인가?	
5	그 사람은 나에게 협조적인가? 경험한 적이 있는가?	
6	그 사람은 나에게 쉽게 양보하는가? 경험한 적이 있는가?	
7	당신은 그 사람과의 관계가 불확실함을 느끼는가? 이유는 무엇인가?	
8	당신은 그 사람에게 모든 것을 양보하는가? 왜 양보하려 하는가?	
9	당신은 그 사람에게 생각, 느낌, 소망 등을 표현하는가? 만약 그러지 못한다면 이유는 무엇인가?	

　질문에 대한 답변을 하며 상대방과 나의 관계 패턴을 확인했다면 이제 나만의 대인관계 전략을 세우면 된다. 1~3번 문항은 소망과 관련된 질문이다. 상대방과 관계가 어떻게 유지되고 싶은지 당신의 소망이다. 4~6번 문항은 타인 반응과 관련된 질문이다. 당신과의 관계에서 상대방이 어떻게 반응을 보이는지에 대한 질문인데, 타인의 반응을 당신이 느끼는 대로 작성하는 것이기 때문에 주관적 생각이 들어가도 상관없다. 7~9번 문항은 자기 반응과 관련된 질문이다. 상대방과의 관계에서 당신이 어떤 반응을 보이는지에 대한 질문이다.

답변을 하면서 상대방과 나의 관계 패턴을 눈치챘는가? 1~3번 문항인 소망 관련 질문에서 상대방이 내 인생에서 중요한 사람이라고 인식되지 않는다면 관계 유지를 위해 더 노력하지 않아도 된다. 그러나 상대방과의 관계가 원만했으면 좋겠다는 소망은 있지만 4~6번 타인 반응이 긍정적으로 나에게 다가오지 않는다면, 그 사람과의 관계가 행복한 대인관계는 아닐 것이다. 그럼, 당신이 행복해질 수 있도록 대인관계 전략을 세워 보자.

COSE 전략

대인관계 패턴 결과가 관계에서 '1~3번 소망 관련 질문에서 나는 상대방과의 관계가 원만했으면 좋겠지만, 4~6번 타인 반응이 긍정적으로 나오지 않을 때' 반드시 상대방과의 관계 전략을 세워야 한다. 아마 당신은 그 관계에서 주기만 하는 '착한 바보'의 역할을 하고 있을 확률이 높기 때문이다. '착한 바보'보다 나를 지키는 행복한 대인관계를 위해 저자는 COSE 전략을 추천한다.

COSE는 '편히 앉아 쉬다'라는 뜻을 가지고 있는데, 이 책에서는 '편히 앉아 쉬다'라는 뜻 대신 스스로를 지키며 행복한 대인관계를 유지하기 위한 전략을 COSE로 정의한다. COSE의 4단계 전략은 아래와 같다.

- Cooperation [우선 협력한다.]
- Observation [상대를 관찰한다.]
- Stop [상대가 나를 착한 바보(호구)로 생각할 경우 나의 협력을 즉시 중단한다.]

• Explain ['착한 바보' 역할만 하지 않을 것을 충분히 설명한다.]

1. Cooperation 협력: 우선 협력한다.

성공한 사람의 대부분은 '선의'를 주는 베푸는 사람이라고 했다. 상대방의 반응을 살피고 행동을 하는 것이 아닌 우선 협력하는 것이다. 인류학자 마가렛 미드(Margaret Mead)는 문명의 시작을 뼈가 치료된 흔적으로 본다고 이야기한다. 뼈가 치료된 흔적은 무언가로부터 공격을 받거나 다쳤을 때 누군가가 도와 치료를 해 주고 돌봐 준 것이라고 볼 수 있다. 누군가가 나의 도움이 필요할 때 계산하지 않고 돕는 것이 문명의 시작이었던 것처럼 기대하는 바가 없더라도 기대하지 말고 우선 협력한다.

2. Observation 관찰: 상대를 관찰한다.

내가 먼저 협력했을 때 상대방은 나의 '선의'를 받기만 하는지 판단을 해야 한다. 정확한 판단을 위해서 상대를 잘 관찰해야 한다. 다행히 받기만 하는 사람은 단서를 흘린다는 연구 결과가 있다. 받기만 하는 사람은 자신에게만 몰두하는 경향이 강해 '우리는', '우리를', '우리의', '우리의 것', '우리' 등 일인칭 복수형 대명사 표현보다 '나는', '나를', '나의', '내 것', '나 스스로' 등 일인칭 단수형 대명사 표현을 즐겨 사용한다고 한다[5].

또한 주변 사람을 어떻게 대하는지 확인해야 한다. 받기만 하는 사람은 본인에게 도움이 되는 사람들에게 베푸는 사람처럼 보이려고 노력하지만, 도움이 되지 않는 사람들에게는 철저하게 받기만 하는 모습을 보인다. 이 단계에서 '받기만 하는 사람'으로 판단이 되는 순간, 3단계로 넘어간다.

3. Stop 중지: 상대가 나를 착한 바보(호구)로 생각할 경우 나의 협력을 즉시 중단한다.

우리는 백설공주가 아니다. 두 번 세 번 속아 주지 않아도 된다. 관찰의 단계에서 상대가 나의 '선의'를 받기만 하는 사람이라고 판단이 드는 즉시 나의 행동을 멈추어야 한다.

4. Explain 설명: '착한 바보' 역할만 하지 않을 것을 충분히 설명한다.

상대방과의 관계가 친밀한 관계가 아니고 내가 했던 협력이 나의 기준에서 애쓴 협력이 아니라면 굳이 설명할 필요는 없다. 다만, 상대방이 "왜 협력하지 않느냐, 왜 중단했느냐."라는 질문을 하거나, 앞서 진아 씨의 사례처럼 상대방에게 설명이 필요한 순간이라면 내가 왜 중단했는지 충분히 설명해야 한다.

'COSE의 전략'은 관계를 끊어 버리자는 것이 아니다. 나를 지키고 행복한 대인관계를 유지하고자 하는 것이 목적이다. 그렇기 때문에 상대에게 충분한 설명으로 나의 행동을 이해시키자.

04

착한 콩쥐는 못된 팥쥐를 용서했을까?

'선의'는 양보다 질이다. 늘 '선의'를 베풀어야 한다는 고정관념을 버리자. 남을 위한 '착한 바보'보다는 나를 위해 착하지만 똑똑하게 행동해야 한다.

콩쥐가 COSE 전략을 알았더라면…

"용서하고 행복하게 살았답니다."

우리가 읽었던 동화의 결말은 주인공이 본인을 괴롭힌 사람을 용서하고 행복하게 살았다는 해피엔딩으로 마무리가 된다. 그런데 우리가 잘 알고 있는 동화 '콩쥐팥쥐'는 원작이 있는데, 원작은 우리가 알고 있는 아름다운 결말과는 다르다.

콩쥐와 원님은 행복하게 살았다. 그런데 팥쥐는 콩쥐에게 시샘을 한 나머지 계략을 짠다. 콩쥐에게 사과하는 척하고 물놀이 가자고 권유한다. 마음씨 착한 콩쥐는 팥쥐와 물놀이를 떠나는데 팥쥐가 콩쥐를 뒤에서 밀쳐 버리는 바람에 콩쥐는 익사한다. 그리고 팥쥐는 원님에게 콩쥐 행세를 한다. 다행히 콩쥐는 연꽃으로 환생을 했고, 팥쥐를 볼 때마다 머리채를 쥐어 잡았다. 그리고 연꽃이 된 콩쥐는 어떤 노인의 도움으로 다시 살아났다. 이후 팥쥐는 감옥으로 끌려가 모진 형벌을 받고 젓갈로 만들어져 계모에게 보내진다. 계모는 맛있다며 '무엇으로 만든 거냐' 묻고, 젓갈의 비밀을 알고 즉사했다고 한다.

잔인하긴 하지만 어떤 사람들은 '사이다 결말(속 시원한 결말)'이라고 이야기한다. 우리가 알던 못된 팥쥐를 아무 조건 없이 용서하고 행복하게 살았다는 결말보다는 더 낫지 않은가?

그런데 우리가 읽었던 동화와 달리 요즘 동화에서는 '콩쥐는 팥쥐와 계모를 쉽게 용서해 주지 않았다'고 소개한다. 한 가지 예를 들면, 그레이트북스 출판사는 마지막 결말을 이렇게 소개한다. "콩쥐 행세를 한 팥쥐와 그의 엄마 계모는 원님에게 혼쭐이 나고 쫓겨난다. 그리고 콩쥐와 원님은 아들, 딸을 낳고 행복하게 살았다." 용서보다는 잘못하면 끝까지 벌을 받는다고 알려 주고 있다. '착한 바보'가 되자 라는 말은 하지 않는 것이다.

얕은 인간관계

약한 고리의 강한 힘

간혹 복잡한 인간관계에 지친 사람들이 하는 말이 있다.

"나 그냥 내 사람들에게만 신경 쓸래. 이제 친하지 않은 사람한테까지 감정 소모하고 싶지 않아."

이런 말을 한 사람들은 어쩌면 COSE 전략의 첫 번째 단계인 'Cooperation : 우선 협력한다.'가 피곤하게 느껴질 수도 있다. 그러나 위의 말을 한 사람의 의도가, 내 주변에 있는 사람들에게만 잘하고 친하지 않은 사람들에게는 매너 없거나 무례하게 행동하자는 말은 아닐 것이다.

스탠포드대학교 사회학과 교수 마크 그라노베터(Mark Granovetter)는 〈American Journal of Sociology〉에 '약한 고리의 강한 힘'을 논문으로 발표했다. 마크 그라노베터(Mark Granovetter)는 강한 유대관계에서 큰 도움을 받는다는 상식적인 전제를 검증하기 위해 설문조사를 했다. 이때 응답자의 약 17%만 '직장을 얻는 데 친구나 신뢰할 만한 동료가 많은 도움을 주었다'고 답했다. 반면 약 28%에 가까운 응답자가 약한 유대관계에 있는 사람들에게 도움을 받았다고 답했다[7]. 강한 유대관계에서보다는 약한 유대관계에서 새로운 정보에 보다 효과적으로 접근할 수 있다. 나와 강한 유대관계를 갖고 있는 사람은 같은 정보를 알고 있을 확률이 높다는 것이다.

물론 강한 유대관계보다 약한 유대관계가 더 필요하다는 것이 아니다. 약한 유대관계도 나에게 도움이 될 수 있다는 이야기이다. 사람은 어디서 어떻게 만나게 될지 모르고 누가 나에게 좋은 정보와 도움을 줄지 모른다. 그렇기 때문에 나를 위해서라도 친하지 않은 사람에게 무례하거나 매너 없게 행동하는 것보다는 협조하자는 것이다.

'선의'는 양보다 질

호의가 계속 되면 권리인 줄 안다.

COSE 전략을 잘 이해한 사람은 알겠지만, '눈에는 눈, 이에는 이'로 해석하는 것은 금물이다. '받은 대로 갚아 준다'의 의미가 아니다. 내가 먼저 협력했을 때, 상대방이 그 호의를 권리로 받아들이고 이기적으로 행동한다면 복수를 하는 것이 아니라 앞으로 나의 행복을 위해 호의를 즉시 중단하자는 것이다.

사람은 혼자 살아갈 수 없다. 타인과 관계를 맺고 그 관계 속에서 인간이 이루고자 하는 '행복'을 찾게 된다면 더할 나위 없겠지만, 적어도 관계 때문에 스트레스 받지는 않아야 한다. 내가 주기만 하는 '선의'는 절대 행복한 대인관계가 될 수 없다. 나를 지키고, 나를 행복하게 만들어 주는 대인관계를 유지하려면 나만의 전략을 잘 세워야 한다는 것이다.

내가 믿고 의지하는 강한 유대관계가 아니라면 적당한 선을 긋는 것도 필요하다. 태어나면서 죽을 때까지 '관계' 속에서 살아가는 사람들에게 대인관계를 유지하는 것도 '전략'이 필요하다는 것이다.

72년 동안 행복에 대해 연구한 하버드 대학교 의대 정신과 교수인 로버트 월딩어(Robert Waldinger) 교수는 행복한 삶의 비결을 크게 세 가지로 꼽았다[1].

1) 가족, 친구, 공동체와의 '연결'이 긴밀할수록 행복도가 높다.
2) 얼마나 많은 사람과 관계를 맺느냐보다 '친밀함'이 깊고 '신뢰도'가 높은 관계를 맺는 사람이 행복도가 높다.
3) 좋은 인간관계는 마음뿐만 아니라 두뇌도 보호한다. 힘들고 어려울 때 의지할 수 있는 관계를 맺고 있는 사람의 기억력이 더 오래 유지된다.

결국 행복한 대인관계의 비결은 '양보다 질'이라는 것이다. 인스타그램 팔로워 수 10만이 넘는 인플루언서가 게시글로 "외롭고 쓸쓸하다. 누구에게 터놓고 이야기하고 싶은데 말할 사람이 없다."라고 작성하여 많은 사람들이 놀란 적이 있다. 많은 사람들을 알고 있다고 해서 대인관계가 성공적이라고 볼 수 없다. 진정한 내 편이 있고 믿고 의지할 수 있는 사람이 있어야 한다.

더불어 사람들에게 먼저 협력하는 '선의'도 양보다 질이 좋아야 한다. 기본적인 마인드는 '선의'가 되어야 한다. 그리고 그 '선의'는 나를 지키는 선에서 진심이 담긴 '질이 좋은 선의'여야 진정성이 전달될 수 있다.

'대인관계'와 '전략'이라는 단어를 연결 짓는 것이 다소 어색하게 느껴질 수 있다. 그런데 여기서 말하는 '전략'은 대인관계를 계산적으로 하라는 것을 뜻하는 것이 절대 아니다. 단지, '착한 바보'가 되어 나를 지키지 못하는 관계를 이어 나가기보다 나의 행복을 위해 나를 지키는 전략적인 방법을 택하라는 것이다.

당신의 '선의'를 그리고 당신의 행복한 대인관계를 응원한다.

챕터 02

예민함에 관하여

고송이 | 에듀고(Edu Go)기업교육연구소 대표

누구나 후천적 경험으로 인해 예민해질 수 있다. 과연 예민함은 나와 타인에게 불편함을 주는 부정적인 감각이기만 할까? 예민함이라는 능력을 잘 활용하면, 대인관계지능을 높일 수 있다. 타인과의 관계에서 알 수 없는 오해와 불편함이 생기는 당신이라면, 상대방의 마음을 감지할 수 있는 능력인 마음인지 감수성을 키워 보자. 마음인지 감수성을 잘 활용한다면 원만한 대인관계를 만들고 유지하는 데 도움이 된다. 행복한 당신의 삶을 위해 예민함이라는 능력을 만들어 보자.

01

나도 예민하고 싶다?

누구나 예민할 수 있다.
예민함의 또 다른 모습을 알아보자.

귀가 트이다

'쿵! 쿵! 캬~~~퉤... 콰르르르르'

매일 아침 5시 30분이 되면 402호 할아버지는 안방 화장실에 가래침을 뱉고 양치를 시작한다. 7시가 되면 '윙~~달그락, 윙~툭툭' 소리와 함께 청소기가 돌아가기 시작한다. 402호에는 노부부가 살고 있는데, 그들의 이른 아침 루틴을 소리로 추측할 수 있다. 주택에서만 살았던 관수 씨는 인터넷 기사로 접했던 층간소음이 남의 일이라고 생각했었다. 결혼 후 아파트에 살기 시작하며, 층간소음이라는 것이 사람을 예민하게 만드는 거구나 새삼 느끼고 있다.

집에서 활동하는 시간이 늘어나면서 층간소음 문제가 급증하고 있는데, 가장 큰 원인은 사람들이 내는 발소리로 나타났다[1]. 과연 발소리가 소음으로 느껴질 정도로 큰 소리일까?

층간소음을 겪은 사람들이 하는 공통적인 말이 있다. "겪어 봐야 알아요. 한 번 들리면, 계속 들리는 게 층간소음입니다." 관수 씨도 한 번 들리기 시작한 층간소음 때문에 매일 오전 5시 30분이 되면 귀가 예민해지고, 잠을 뒤척이기 시작한다. 평소 무던한 성격인 관수 씨였지만, 소음에 귀가 트이고 나니 한 번 예민해진 귀는 소음에 쉽게 적응하지 못하고 있다.

'트이다'를 사전에서 찾아보면, '막혀 있는 것이 치워지고 통하게 되다'로 정의한다. 귀가 트이는 것을 다시 정리해 보면, 평소 익숙하지 않은 자극으로 인해 새로운 감각이 받아들여지는 과정이라고 설명할 수 있다.

누구나 예민할 수 있다

"나는 예민하지 않아서, 웬만하면 그러려니 하고 넘어가."

혹시, 예민하지 않은 사람이라서 다행이라 생각이 든다면, 스스로 착각하는 것일 수도 있다. 미국의 심리학자 일레인 에런(Elaine Aron) 박사가 2006년 '매우 예민한 사람들'에 대한 개념을 제시했다. 그의 말에 따르면 전체 인구의 15~20%는 매우 예민한 기질을 선천적으로 타고나는데, 그 외는 누구나 후천적인 경험에 의해서 예민성을 갖게 될 수 있다고 했다. 후천적인 경험이라는 것은 일종의 트라우마와 유사한 형태이다. '트라우마'는 실제 자신이나 타인에게 신체적이나 물리적으로 위협이 되는 사건을 겪거나 목격한 후에 겪게 되는 심리적인 외상을 말한다[2].

충간소음에 시달리고 있는 관수 씨도 선천적으로 귀가 예민한 것이 아니라, 자신도 모르게 트라우마가 형성된 것이다. 주택에 살 때는 느끼지 못했던 소음이 아파트에서 매일 동일한 시간에 발성하여 후천적으로 예민해진 것이다.

코로나19와 함께 급격한 변화가 있는 불안정한 시대는 누구나 후천적 경험으로 인해 예민해질 수 있다. 그런데 그 예민함이 우리 일상에서 나와 타인에게 불편함을 주는 부정적인 감각이기만 할까?

후천적 경험으로 생겨난 예민함을 활용해 큰 업적을 쌓은 사례도 있다. 많은 사람이 열광하는 사과폰 '애플'의 CEO였던 스티브 잡스도 예민한 사람이다. 그 예민함이 우리에게 큰 혁신을 가져다준 '터치식 스마트 폰'을 탄생하게 했다. 스티브 잡스는 어린 시절의 경험으로 인해 '환 공포증'이라는 트라우마가 생겼다. '환 공포증'은 둥근 물건이나 구멍을 보게 되면, 극심한 불안감이 찾아와 불안해지는 것을 말한다. 아이폰이 개발되기 전에는 블랙베리폰처럼 액정화면 아래 무수히 많은 버튼의 형태로 휴대폰이 생산되었다. 환 공포증이 있던 스티브 잡스는 이 버튼을 볼 때마다 예민함이라는 스위치에 불이 켜졌고, 이 불안감을 없애기 위해 터치스크린을 장착한 '아이폰'을 만들었다고 한다. 이처럼 예민함은 누구나 가질 수 있다. 예민함을 잘 활용하여 자신의 경쟁력으로 활용해 보는 것은 어떨까?

예민함이라는 무기에 대해서

아래는 『매우 예민한 사람들을 위한 책』에서 소개된 매우 예민한 정도의 평가 문항 일부이다.

> 1) 배우자가 한 사소한 말에도 쉽게 화가 난다.
> 2) 사람이 많은 곳에 가면 답답하다.
> 3) 층간소음에 민감하다.
>
> ⋮
>
> 24) 시험, 발표에서 늘 평소보다 실수를 많이 한다.
> 25) 권위적인 사람과 함께 있는 것이 불편하다[2].

총 28문항 중 7개 이상이 해당하면, '매우 예민한 사람'으로 보인다고 한다. 문항의 일부지만 누구나 느낄 수 있는 일상적인 자극에 의한 반응이기도 하다. 그래서 예민한 정도 평가에서 대부분의 사람들은 본인이 예상한 것보다 많은 문항을 선택한다.

누군가에게 '예민하다'는 말을 들었을 때 당신은 어떤 생각이 떠오르는가? '오! 나 예민하다니 엄청난 능력의 소유자구나!'라고 생각하기보다는 '내가 누군가에게 피곤하게 느껴지는 건가?' 하고 부정적으로 받아들이는 경우가 더 많다.

'예민하다'를 사전에서 찾아보면, 무엇인가를 느끼는 능력이나 분석하고 판단하는 능력이 빠르고 뛰어나다고 정의한다. 개는 사람보다 후각이 발달하여 냄새에 예민하다. 즉, 후각 능력이 좋다는 것이다. 예민함은 타인에게 불편함을 주는 것이 아니라, 남들보다 특별히 발달해 있는 능력이다.

예민한 사람들이 가진 능력 중 하나는 타인에 대한 공감 능력이 뛰어나다는 것이다. 이 능력을 활용한다면 불안정한 시대에 대인관계에서 큰 강점이 될 수 있다.

대인관계지능과 예민함의 상관관계

"말하지 않아도 알아요~ 눈빛만 봐도 알아요~"

말하지 않아도 알고, 눈빛만 봐도 알려면 상대방의 마음을 빠르게 읽는 예민함이 필요하다.

한국 사람들의 의사소통 문화 중 하나가 '고맥락' 소통을 한다는 것인데, 고맥락 의사소통은 말하는 내용 자체보다는 맥락이나 배경 등에 내용이 내포되어 문화적 맥락이 높은 소통을 말한다. 맥락을 잘 읽는다는 것은 다른 사람과의 관계를 맺고 그 사람의 생각과 감정을 이해하는 능력인 대인관계지능이 뛰어나다는 것이다.

지연 씨는 스스로 굉장히 예민한 사람이라 생각했다. 그냥 지나칠 수 있는 선배의 감정이 쉽게 알아차려져 그냥 둘 수 없다. 그런 감정이 느껴지는 날에는 선배에게 먼저 연락해 자연스럽게 고민도 공유하며 끈끈한 신뢰를 쌓아 갔다. 그냥 지나칠 수도 있는 선배의 감정을 '예민함' 덕분에 알아차릴 수 있고, 더욱 친밀한 관계로 발전하게 되어서 좋았다.

예민함의 또 다른 모습은 대인관계지능이 높다는 것이다. 대인관계지능이 높은 사람들은 상황에 맞는 행동을 하며 관계를 이어 나가기 때문에 주변 친구관계가 원만하고, 인간관계에 대해 긍정적인 평가를 받는 경우가 많다. 이 능력을 잘 활용한다면 불안정한 시대의 대인관계에서 큰 강점이 될 수 있다. 만약 당신이 둔감하다면 예민함을 개발해 보자. 예민함을 섬세한 휴먼스킬로 발전시키는 방법을 소개하고자 한다.

02

예민함이라는
능력에 대해서

예민함이라는 것은 누군가를 피곤하게 하는 단점이 아닌,
강점이 되기도 한다. 그 내용을 확인해 보자.

어쩌다 발전

"문콕이 두렵나요?"

아파트, 마트 등 주차장에서 내리고 탈 때마다 신경 쓰게 되는 것이 하나 있다. 바로 '문콕'이다. 문콕의 사전적 정의를 보면, 차 문을 여닫을 때 다른 자동차의 문을 긁거나 찍는 일을 말한다. 문콕을 자동차 사고로 분류할 정도로 우리나라 운전자들에게는 예민한 일이다.

그런데 우리나라 사람들은 왜 문콕에 예민할까? 자동차는 최소 1,000만 원 이상의 고가 제품이다. 큰 금액을 지불했기 때문에 차량은 이동 수단의 도구이면서 재산의 일부이기도 하다. 그래서 자동차에 '흥숭이' '아방이' 등 애칭을 붙이며, 애정을 가지기도 한다.

이러한 문콕에 대한 예민함 때문에 차량 출고 시 문콕 방지용 파란색 스펀지가 부착되어 나온다. 그 파란 스펀지를 그냥 두지 않고 차량에 어울리는 다양한 문콕 방지용 스티커를 구매해 부착하기도 한다. 예민함 덕분에 어쩌다 문콕 방지 스티커 산업이 발전되었다.

더불어 예민함은 우리나라 자동차 산업이 발전하는 데 크게 한몫을 했다고 한다. 많은 돈을 지불하고 차량을 구매했는데 시동을 걸었을 때 흔들림이 크다고 느껴지면 안전성에 문제가 있다고 생각해 민원을 제기하는 경우도 있다. 사실 차량 떨림이라는 것은 지극히 주관적인 관점에서 느끼는 거지만 이것을 불량이라고 생각하며 민원을 제기하는 예민함 덕분에 자동차 제조 기술이 정교화되고 발전하게 되었다고 한다. 이렇게 예민함은 다양한 분야의 기술 발전에 도움을 줬다.

둔감한 당신은 옳지 않다

"은이 저 정도면 둔감깡패 아니니?"

은이는 학창 시절 둔감함 때문에 오해를 겪어 대인관계가 원만하지 못했던 경험이 있다. 학창 시절 매점은 한줄기의 빛 같은 존재였다. 휴식 시간 때만 되면 친한 친구들과 삼삼오오 모여, 간식으로 허기를 달래곤 했다. 은이는 휴식시간마다 친구들에게 매점에 가자고 제안했고, 친구들 역시 배가 고프든 고프지 않든 은이와 함께 매점에 다녀오곤 했다. 어느 날 친구 송희는 "오늘은 배고프지 않아."라고 말했다. 은이는 '아! 송희가 오늘은 매점 가기 싫구나.'라고 생각하며, 다른 친구들과 매점을 다녀왔다. 그 후 송희의 감정 온도가 심상치 않다는 것을 다른 친구들은 느꼈지만, 은이는 그조차 인지하지 못했다.

은이에게 매점을 간다는 것이 간식을 먹기 위함이었다면, 송희에게는 친구들과 함께하는 친교 활동이었다. 송희는 배고프지 않았던 건 사실이었지만 매점을 함께 가는 것은 친교활동으로 생각했기 때문에 그래도 같이 가자고 해 주길 바랐던 것이다. 표면적으로 '배고프지 않다'는 오늘 매점에 가지 않겠다는 거구나라고 단순히 해석했던 은이는 송희에게 의도치 않게 관계 속 오해를 만들었다.

은이는 송희의 표현을 그대로 해석했지만, 마음을 인지하는 감수성이 조금 부족했기 때문에 오해를 만들었다. 둔감하다는 것은 감정이나 감각이 무딘 것을 말하는데, 이 둔감함이 의도치 않게 대인관계에서 부정적으로 작용할 때도 있다.

만약 은이가 상대방의 마음을 인지하는 예민성이 발달되어 있었다면 어렵지 않게 읽어 낼 수 있었을 것이다.

"저는 타고나길 둔감합니다."
희수 씨와 같이 근무하는 미선 씨는 자신을 어디서든 무던하게 어울릴 수 있는 둔감한 사람이라고 소개한다. 타고난 예민함이 없어 어디서든지 큰 문제없이 지낸다고 하는데, 예민함이 없어 문제가 없다는 말은 예민한 사람들을 더욱 예민하게 하는 말이다. 스스로를 예민하다고 말하는 희수 씨는 미선 씨가 자기중심적으로 행동하는 사람처럼 느껴진다. 희수 씨는 정리 정돈이 안 되어 있는 상황에 예민함이 느껴지는데, 미선 씨는 탕비실에서 커피를 탄 후 티스푼을 매번 제자리에 두지 않고 간다. 이 모습을 볼 때마다 희수 씨는 둔감한 사람 때문에 예민한 사람이 더 예민해지는 거 같다는 생각이 든다.

저자는 둔감함과 예민함에 좋고 나쁨은 없다고 생각한다. 단, 자신의 둔감함이 상대방을 편하게 해 준다는 생각은 편견일 수 있다. 둔감한 사람이 예민한 사람에게 불편함을 줄 수도 있고, 예민한 사람이 둔감한 사람에게 불편함을 줄 수도 있다. 다시 말해, 사람의 성향은 모두 다르며 우리는 서로의 성향을 존중해야 할 문제이지, 어떤 성향을 불편의 요소로 봐서는 안 된다는 것을 잊지 말자.

나도 대인관계지능을 개발할 수 있다

미국 하버드대학교 인지교육학 교수인 하워드 가드너는 다중지능이론을 제안했다. 지능을 '여러 문화에서 가치 있게 인정되는 문제를 해결하고 산물을 창조하는 능력'이라 정의하고, 인간에게는 8개의 지능이 있고 누구나 후천적인 노력을 통해 잠재력을 개발할 수 있다고 했다. 이 8개는 언어지능, 논리수학지능, 공간지능, 신체운동지능, 음악지능, 대인관계지능, 자기이해지능, 자연친화지능이다[3].

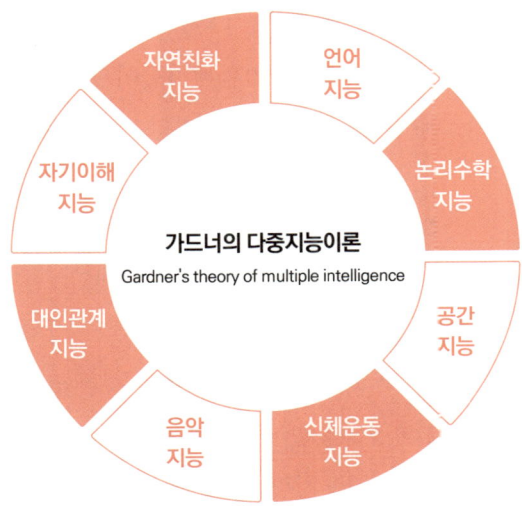

[그림1] 가드너의 다중지능이론

이 중 대인관계지능은 사회성과 관련이 있다. 사회성이란, 타인의 기분이나 의도, 동기, 감정을 파악하고 구분할 수 있는 능력을 말한다. 자기중심의 행동이 아닌 상황에 따라 행동을 하거나 상대방의 감정을 잘 이해하고 행동하는 것이다.

즉, 대인관계지능은 얼굴 표정이나 목소리, 몸짓 등의 단서를 통해 상대방의 감정이나 의도를 읽을 수 있는 능력을 말한다[3]. 이는 예민함의 능력과 같다. 예민함 또한 상대방이 말하지 않아도 기분을 알아차리고 말속에서 숨겨진 맥락을 읽어 내는 능력을 말하기 때문이다. 이러한 능력은 사회적 리더십, 사회적 민감성, 타인에 대한 인식, 타인에 대한 배려를 발달시킨다. 혼자 살아갈 수 없는 삶 속에서 다른 사람들과 긴밀한 네트워크를 가지고 협력하는 것이 중요한데, 대인관계지능이 높은 사람은 휴먼네트워크를 형성하는 데 뛰어난 강점을 가지고 있다.

예민한 당신이 옳다

"김 과장은 제 마음을 읽고 있는 거 같아요."

IT 회사에 근무하는 김 과장은 팀 내에서 불편한 사람 없이 원만한 관계를 유지하고 있다. 그런데, 아침에 눈을 마주치고 인사하지 않으면 불편한 내색을 보여 눈치를 보게 하는 예민한 사람이다. 그래서 처음 마주하면 마치 '프로불편러' 같지만 누구보다도 상대방의 마음을 읽는 눈치가 빠르다.

김 과장과 같이 근무하고 있는 박 팀장은 자신이 꼰대가 될까 봐 항상 걱정을 한다. 이왕이면 멋진 선배가 되고 싶은데, 꼰대라는 말이 듣기 싫어 팀원들에게 구체적인 피드백을 하는 것을 피하는 편이다. 그러다 보니 일부 팀원들은 정확하게 업무지시를 하지 않는 박 팀장이 답답하다.

그런데 김 과장은 항상 팀원들의 눈치를 보고 있는 박 팀장의 마음을 알아차리고, 박 팀장에게 팀장님이 지시한 사항을 구체적으로 정리해서 보고한다.

김 과장: "팀장님, 팀원들에게 수정사항 반영하여, 다음 주까지 운영계에 반영해야 한다고 재공지할까요?"

박 팀장: "김 과장은 제 마음을 읽고 있는 거 같아요. 팀원들이 스트레스 받을까 봐 먼저 언급 안 했는데, 고마워요. 역시 김 과장 센스는 최고입니다."

직장 생활에서 센스는 돈 주고도 살 수 없다는데, 김 과장은 예민함 덕분에 센스라는 무기를 장착한 것이다. 독일의 관계 심리학자 롤프 젤린은 '당신의 예민함은 단점이 아니라 남들이 놓친 작은 것까지 볼 수 있는 남다른 감각'이라고 말했다[4].

이렇게 예민함이라는 것은 누군가를 피곤하게 하는 단점이 아닌, 강점이 되기도 한다.

예민함의 또 다른 이름 마음인지 감수성

상대방의 마음을 감지할 수 있는 능력

성차별이나 성추행 기사에서 '성인지 감수성'이라는 말을 한 번쯤 들어봤을 것이다. 성인지 감수성은 성별 간의 불균형에 대한 이해와 지식을 갖춰 일상생활 속에서 성차별적 요소를 감지해 내는 능력을 말한다. 성인지 감수성이 부족하면 양성 불평등을 초래할 수 있어 양성평등을 위해 성인지 감수성을 키워야 한다. 이 감수성이라는 것은 외부 세계의 자극을 받아들이고 느끼는 성질을 말하는데, 보통은 예민한 사람들에게 발달되어 있는 경우가 많다. 발달된 감수성을 활용해 상대방의 마음을 인지하기도 한다. 상대방의 마음을 인지한다는 것은 대인관계 능력을 키우는 데 도움이 된다. 상대방의 마음을 인지해 대인관계의 갈등이 생기는 것을 예방할 수 있다.

표면적으로 말하지 않더라도 상대방의 마음을 인지해 무엇인가 잘못된 것을 느끼는 마음을 저자는 '마음인지 감수성'이라 말한다. 마음인지 감수성은 누구에게나 있는 능력은 아니다. 예민한 사람들에게 발달되어 있는 능력이다. 다음 장에서는 마음인지 감수성을 발달시켜 대인관계력을 키우는 방법에 대해 알아보자.

다시 한번 강조하지만 예민함은 타인을 이해하거나 상황을 잘 파악하는 장점이 있다. 지금과 같이 불안정한 시대에 특효약으로 작용하기도 한다. 감성이 중요해지고 있는 시대, 예민함을 활용해 마음인지 감수성을 키우자.

03

마음인지
감수성 키우기

상대방의 마음을 인지해 대인관계 능력을
향상시킬 수 있는 방법을 알아보자.

마음인지 감수성 근력 만들기

"여보 나 달라진 거 없어?"

아내에게 이런 질문을 받은 기혼 남성이라면 이 순간 갑자기 혼란스러울 것이다. "모르겠는데?"라고 답하는 순간 아내가 몹시 화를 낼 거란 걸 직감적으로 알 수 있기 때문이다. 이런 질문에는 구체적으로 어디가 달라졌는지 섬세하게 말해 줘야 한다. 만약 섬세한 답변을 못 한다면, 원치 않는 부부싸움으로 번질 수도 있다.

부부, 친구, 동료 등 모든 관계에서는 과하게 예민한 것도 과하게 둔감한 것도 적절하지 않다. 상황에 맞게 적당히 예민하고 적당히 둔감하게 행동해야 하는데 그게 쉽지 않다. 그렇다면 예민함을 활용해야 하는 순간,

둔감함을 벗고 예민함을 키우는 방법을 알아보자.

　마음인지 감수성은 상대방의 마음을 인지해 무엇인가 잘못된 것을 느끼는 마음이다. 이런 감수성이 마음먹는 대로 바로 생길 수 있다면 좋겠지만, 무거운 짐을 들기 위해서는 근력이 필요한 것처럼 마음인지 감수성도 근력 만들기가 필요하다. 건강하게 마음인지 감수성을 키우는 방법을 3단계로 알아보고, 단계적으로 마음인지 감수성 근력을 만들어 보자.

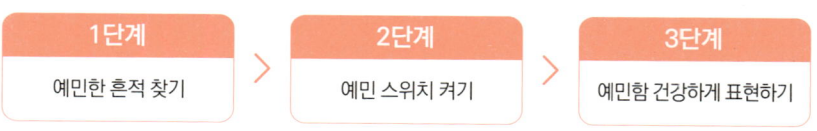

1단계 예민한 흔적 찾기

　어제 회식에서 과음을 하고 아침을 맞이했다. 화장을 지우지 못한 채, 옷도 그대로 입고 침대에서 눈을 떴다. 어떻게 집에 왔는지 기억을 더듬어 보지만, 2차 이후 기억이 없다.

　'어제 무슨 실수를 한 걸까?'

　두려움이 찾아오면서 우선 핸드폰을 찾아 뒤적인다. 핸드폰에는 오타 가득한 발신 메시지가 있고, 통화 목록에는 헤어진 남자친구에게 전화 건 기록이 있다. 등골이 오싹하다. 왜냐하면 10분이나 통화를 했는데 하나도 기억이 나지 않기 때문이다. 혹시나 하는 마음에 지갑을 확인했더니, 텅 비어 있다. 그때 갑자기 기억의 퍼즐이 맞춰진다.

후배가 버스 타고 집에 간다고 해서 안타까운 마음에 현금을 쥐어 주며, 하늘로 돈을 뿌렸다. *부끄러움은 누구의 몫인가?*

이렇게 자신이 알아차리지 못하는 상황이 되면, 흔적을 찾아서 기억을 더듬게 된다. 예민해야 할 순간을 알아차리지 못했다면, 예민한 흔적 찾기를 시작해 보자.

예민한 흔적을 찾는 방법은 3가지가 있다.

첫째, 자기성찰일기를 작성하는 방법이다.
학창 시절 방학 마지막 날은 밀린 일기를 쓰느라 고통스러웠던 기억이 있다. 그때는 자기성찰의 중요성을 잘 몰라 방학 기간의 성찰을 몰아서 했다.

자기성찰을 사전에서 찾아보면 '자신의 심리 상태나 정신의 움직임을 내면적으로 관찰하는 행동'이라 설명한다. 즉, 자기성찰을 통해 자신의 마음을 되돌아보고 나의 행동에 대한 내면을 인지하는 과정이다.

나는 아무렇지 않았지만 대화 중 상대방의 관계 온도가 낮아지는 거 같다는 생각이 들면 자기성찰일기를 작성해 보자. 자기성찰일기는 다음과 같은 4가지 질문을 바탕으로 작성한다.

> **마음인지 감수성을 키우는 자기성찰일기**
> 1) 오늘 어떠한 대화를 나누었나요? (사람, 사건)
> 2) 그 대화를 통해 느껴진 관계의 온도는 어떠했나요?
>   (차가운, 따뜻한, 뜨거운, 건조한)
> 3) 그 온도는 어떠한 이유 때문일까요?
> 4) 그 상황이 다시 일어난다면 어떻게 대처할 건가요?

평소 자신이 예민하지 않거나 무던하다고 생각해 왔다면, 자기성찰일기를 작성하여 마음인지 감수성을 키워 볼 것을 추천한다.

둘째, 상대방에게 물어보는 방법이다.

칭찬을 들었을 때 어떠한 반응을 보이는가? "PPT 진짜 실력자네요."라는 칭찬을 들으면 "맞습니다. 저는 PPT를 정말 잘 만듭니다."라고 답하기보다는 "별말씀을요", "아니에요"라며 대부분 그 칭찬에 부끄러워하는 모습을 보이곤 한다. 상대방의 칭찬에 "그럼요, 저는 굉장한 실력자입니다."라며 자신을 인정하는 말을 했을 때, '어머 저 사람 왜 저래?' 혹은 '얼마나 잘하나 보자'라는 부정적인 평가를 받을까 봐 스스로 긍정 격하를 하는 것이다.

긍정 격하란, 분명히 존재하는 자신의 장점이나 긍정적 측면을 깎아내리고 평가 절하하는 행동을 말한다. 대부분 타인의 시선을 신경 쓰기 때문에 이러한 현상을 겪는다.

그런데 가만 생각해 보면 내가 생각하는 나의 장점은 타인이 나에게 말했던 장점이기도 하다. 자기 객관화가 어렵다면, 나를 잘 알고 있는 상대방에게 질문을 해 보자.

"오늘 혹시 제가 살펴보지 못해 실수한 상황이 있었나요?"

셋째, 대화 중 찝찝했던 순간 떠올리기다.
대화 중 정적이 흐르는 순간이 있다. 그 순간을 잘 떠올려 보자. 잠시 대화를 쉬어 가는 건지, 상대방이 기분 상해서 대화를 이어 가지 않은 것인지 말이다. 대화를 하다 보면 찝찝했던 순간들이 있다. 상대방이 예민하게 반응했는데, 그 반응에 아무렇지 않은 듯 무던하게 반응을 보였다면 상대방 입장에서는 불쾌할 수 있다.

오늘 있었던 찝찝했던 순간을 떠올려 보자. 단순히 의견이 맞지 않아서 잠시 정적이 있었던 건지, 상대방의 불편한 마음을 예민함으로 받아주지 못한 건 아닌지 말이다.

이렇게 3가지 방법으로 예민한 흔적을 찾았다면, 예민 스위치를 켜는 방법을 알아보자.

2단계 예민 스위치 켜기

마음인지를 해야 하는 순간이 있다. 그 마음인지가 필요한 순간이 특별한 순간은 아니다. 마음인지 감수성이 아직 형성되지 않았다면, 다음과 같은 순간이라도 예민 스위치를 켜 보자.

첫째, 상대방의 갑작스러운 행동 변화의 순간

박 대리와 김 과장은 집이 가까워 매일 아침 같이 김 과장의 승용차로 출근했다. 7시 30분에 출발해 7시 40분 버스정류장 근처에서 김 과장이 박 대리를 기다렸다. 차 안에서 소소한 일상을 공유하며, 매일 루틴처럼 지나가는 시간들이었다. 그런데 어느 날 김 과장이 오늘은 대중교통을 이용해 출근하겠다고 한다. 그다음 날도 대중교통을 이용했다.

이런 상황 속 당신이 박 대리라면 어떠한 반응을 보일 것인가? 예민 스위치를 켜 보자.

생각해 봐도 별다른 이유가 떠오르지 않는다면 혹시나 나에게 마음 상한 일이 있을 수 있다는 생각을 해 보는 것이다. 그렇다면 예민 스위치를 켜고 다시 한번 김 과장과 대화를 시도하자.

둘째, 협업 중 반대의견을 말하는 순간

협업은 공동의 목표를 달성하고 성과를 내기 위함이다. 하지만 다양한 사람들의 생각을 모아 하는 과정이기 때문에 반대의견이 발생하기도 한다. 반대의견을 말할 때는 관계에 따라 감정이 상하는 상황이 발생할 수도 있다. 이렇게 감정이 상할 수도 있는 시점에 예민 스위치를 켜야 한다. 마음인지 감수성 없이 무던하게 있다가는 관계관리를 실패하게 될 수도 있다. 나와 다른 의견을 말하는 사람과 대화할 때 예민 스위치를 켜자.

셋째, 예민한 사람을 대하는 순간

예민한 사람들은 이미 많은 사람들에게 예민하다는 피드백을 들었을 수 있다. 예민함 때문에 타인에게 불편함을 줄까 봐 섬세하게 조심하는 사람들이 예민한 사람이기도 하다. 그래서일까 예민한 사람들이 듣기 싫은 피드백 중의 하나가 '예민하다'라는 말이다. 예민한 사람과 함께할 때 그의 예민함에 고(高) 전력 스위치가 켜지지 않도록, 능동적인 경청과 공감하는 모습을 보여 주자.

예민한 사람을 대하는 순간, 마음인지 감수성을 활성화하기 위해 예민 스위치를 켜 보자.

3단계 예민함 건강하게 표현하기

예민한 흔적을 찾고 예민 스위치를 켰다면 마지막으로 그 상황에 맞게 예민함을 표현해야 한다. 이 예민함을 건강하게 표현해야 '너 예민한 거 같아'가 아닌 '너 참 배려심이 많구나'라고 상대방이 느낄 수 있다. 예민함을 건강하게 표현하는 방법은 3가지가 있다.

첫째, 상대방의 말에 미소로 반응한다.

대화 중 말 내용만큼이나 표정과 몸짓으로 표현되는 의미들이 많다. 말의 내용은 따스하지만, 표정이 그렇지 않다면 상대방을 불편하게 할 수도 있다. 공격적인 말이 아닌 이상 상대방의 말에 먼저 미소로 반응하자. 그렇다면 상대방은 '내 이야기를 적극적으로 들어 주려고 하는구나' 하는 생각에 세심한 사람으로 인식하여 마음의 문을 열게 될 것이다.

둘째, 섬세하게 관찰하고 물어보자.

예민한 사람들이 발달한 능력이 바로 섬세함이다. 섬세함은 관찰에서부터 시작된다. 그렇다고 위아래로 빈틈없이 보라는 말은 아니다. 상대방의 말은 긍정적인 내용인데 표정은 어둡지 않은지, 자기주장을 하고 있지만 표정은 난감해하고 있지 않은지 섬세하게 관찰하고 당신이 도움 줄 수 있는 것이 있는지 물어보자.

셋째, 부정을 표현할 때 감사로 시작하자.

반대의견을 제시해야 할 때, 표현 방식에 따라 상대방은 기분이 상할 수도 있다. 그 표현 방식을 섬세한 감사로 시작하자.

"박 대리님, 적극적으로 의견 말씀해 주셔서 감사합니다.
그 의견에 조금 더 아이디어를 보태자면…"

'당신의 의견은 저와 다릅니다'가 아니라, '당신을 충분히 인정하고 있으며 의견도 좋지만 거기에 내 의견을 조금 더 덧붙이겠다'고 표현하자. 조심스럽게 당신의 의견도 제시할 수 있고 상대방의 감정도 상하게 하지 않는 예민함을 활용한 건강한 표현 방법이다.

예민한 흔적을 찾고, 상황에 맞는 예민한 스위치를 켜고 건강하게 표현한다면, 나도 모르게 마음인지 감수성이 키워질 것이다.

이렇게 마음인지 감수성을 인지하고 노력한다면, 관계를 해치는 일은 피할 수 있다.

타인과의 관계에서 알 수 없는 오해와 불편함이 생기는 당신이라면, 마음인지 감수성으로 관계를 보호해 나가자.

04

나도 가끔은 예민하다

행복한 당신의 삶을 위해 예민함이라는 능력을
만들어 나가는 방법을 확인해 보자.

무던한 당신, 예민함을 닮아 보자

예민함은 좋은 인생을 살기 위한 특별한 능력

　어린 시절부터 타고난 예민함 때문에 힘들어하고, 무던해지기 위해 노력한 사람에게 말해 주고 싶다. 당신은 좋은 인생을 살기 위한 특별한 능력을 타고났다. 특별한 능력이란, 주변을 살피고 상대방을 배려할 수 있는 것을 말한다. 마음인지 감수성을 잘 활용한다면 원만한 대인관계를 만들고 유지하는 데 도움이 된다.

　살아오면서 예민함을 발견하지 못한 당신이라면, 불안정한 이 시대를 잘 살아나가기 위해서 예민함을 닮아 보는 것을 추천한다.

행복한 삶을 사는 데 필요한 것은 개인마다 다를 수 있겠지만, 나 자신의 건강만큼이나 대인관계의 건강도 중요하다. 대인관계가 좋지 않다면 행복과는 거리가 있을 수도 있다. 행복한 당신의 삶을 위해 예민함이라는 능력을 만들어 보자.

마음인지 감수성 반복 실천이 답이다

상대방의 마음을 감지할 수 있는 능력이 마음인지 감수성이다. 예민한 사람은 마음인지 감수성을 타고났거나, 후천적인 경험에 의해 생겨난 능력이다. 마음인지 감수성이 부족한 당신이라면, 예민한 흔적을 찾는 것부터 시작해 보자. 자기성찰일기를 작성하거나, 상대방에게 물어보거나, 찝찝한 순간을 떠올려 보자. 예민한 흔적을 찾다 보면 반복적으로 놓치고 있는 상황을 알아차리게 된다.

온종일 예민하다면 당신은 힘들어질 것이다. 앞서 언급한 것처럼 예민 스위치를 켜야 하는 순간에 예민함을 활용해야 강점이 될 수 있다. 예민 스위치를 언제 켜야 할지 모르는 당신이라면 반복된 상황 속 거절의 순간, 협업 중 반대의견을 말하는 순간, 예민한 사람을 대하는 순간만큼은 꼭 예민 스위치를 켜길 바란다. 예민하지 못해 타인을 힘들게 하는 순간을 최소화할 수 있는 좋은 방법이다.

예민함을 그대로 느껴지게 한다면 누군가는 불편해할 수도 있다. 중요한 것은 예민함을 건강하게 표현하는 것이다. 예민함을 활용해 상대방의 말에 미소로 반응하고, 섬세하게 관찰하고 물어보자. 그리고 부정을 표현할 때는 감사로 시작하자.

마음인지 감수성은 단번에 생기지 않는다. 몸의 근육도 단련하기 위해서는 부단한 노력을 해야 하는 거처럼 마음인지 감수성도 반복적인 연습이 필요하다.

당신도 예민할 수 있다

사람들은 '예민한 사람'이라는 말을 들으면 '좋은 사람'이라는 긍정의 느낌보다는 '뭔가 불편하게 하는 사람'이라는 생각을 갖는 경향이 있다. 하지만 앞서 말했듯, 예민함은 대인관계에서 나만 가지고 있는 무기이자 강점이다. 예민함을 부정적인 감정이라고 치부하지 말자. 예민한 사람은 공감을 잘하고 섬세해서 다른 사람에게 도움을 주는 사람이다.

"예민한 사람 대부분은 인간다운 세상을 만들기 위해 기꺼이 자신을 헌실할 준비가 되어 있다."

독일 심리학자 롤프 젤린이 한 말이다. 예민함과 섬세함은 사람만이 가지는 감정이다. 사람이 가질 수 있는 마음인지 감수성을 잘 활용해 보자.

챕터 03

솔직함에
관하여

이유나 | 와이엔컨설팅 대표

타인과의 관계를 염려하여 솔직하지 못한 순간이 있는가? 왜 우리는 솔직함이 대인관계의 장애물이라고 생각하는가? 이제 솔직함에 대한 오해는 벗어 던지고, 솔직함으로부터 얻을 수 있는 긍정적인 효과를 제대로 알아보자. 그리고 두려움 없이 솔직할 수 있는 우리가 되어 보자. 솔직함을 바탕으로 한 소통은 우리 삶을 더욱 건강하게 만들어 줄 것이다.

01

솔직함이란 무엇인가?

솔직함이 대인관계의 장애물이라고 생각하는가?
그렇다면 먼저 솔직함에 대해 제대로 알아보자.

당신은 얼마나 솔직한 사람인가?

대학생 왕소심 씨의 이야기이다. 평소에 친해지고 싶다고 생각했던 한 선배가 밥을 사 주겠다며 왕소심 씨를 학교 앞 식당가로 이끌었다.

"뭐 먹고 싶어?"

뭘 먹든 상관없다고 생각하여 "아무거나 다 좋아요."라고 대답했고, 선배는 학교 앞에서 가장 인기 있는 중국 음식점으로 왕소심 씨를 안내했다. 그 순간 '이른 점심 식사로 먹기에 짜장면은 조금 느끼하지 않나?' 하는 생각이 들었지만, 못 먹을 일도 아니란 생각에 흔쾌히 수락하고 함께 식사했다. 하지만 그게 화근이었다. 결국 왕소심 씨는 급체했고, 오후 내내 새하얗게 질린 얼굴로 수업을 끝까지 듣지도 못한 채 조퇴하고 말았다.

전날 밤 과음을 했던 왕소심 씨는 아침 식사를 거른 채 등교했기 때문에, 첫 끼로 얼큰한 해장음식이 먹고 싶었다. 하지만 어떤 메뉴가 먹고 싶냐는 선배의 질문에, 식성이 까다로운 후배로 보이고 싶지 않아 '아무거나 다 좋다'는 대답을 했고, 결국 체하고 말았다. 만약 그날 왕소심 씨가 "느끼하지 않고 얼큰한 음식이면 좋겠어요."라고 솔직하게 대답했다면 더 좋지 않았을까?

당신은 얼마나 솔직한가, 혹은 얼마나 솔직하지 않은가? 세계적인 강연자 수잔 캠벨(Susan M. Campbell)은 자신의 저서『솔직함의 심리버튼』에서 솔직함 체크리스트를 제시했다. 그중 일부 항목을 통해 당신은 얼마나 솔직한지 스스로 점검해 보자[1].

No	문항	체크
1	어떤 사람을 실제보다 더 좋아하는 척한 적이 있다.	
2	어떤 사람을 실제보다 덜 좋아하는 척한 적이 있다.	
3	다른 사람의 이야기가 지루한데도 재미있는 척한 적이 있다.	
4	'No'라고 말하거나 경계를 긋기가 힘들었던 적이 있다.	
5	원하는 것을 요구하는 데 어려움을 겪은 적이 있다.	
6	비난받는다고 생각할 때 방어적으로 반응한 적이 있다.	
7	내가 틀렸다는 사실이나 모른다는 사실을 인정하기 힘들었던 적이 있다.	
8	내가 느끼는 분노나 질투, 상처를 표현하기가 힘들었던 적이 있다.	

9	내가 느끼는 애정이나 베풀고 싶은 친절을 표현하기가 힘들었던 적이 있다.	
10	내가 상처 입을지도 몰라 두려워한다는 것을 상대방에게 말하기 힘들었던 적이 있다.	

　혹시 너무 많은 문항에 '그렇다'고 대답해서 걱정하고 있는가? 하지만 괜찮다. 수잔 캠벨이 강연과 세미나를 통해 수많은 청중에게 물어보았는데 거의 모든 사람이 대부분의 항목에 '그렇다'고 대답했다고 한다. 우리는 모두 때때로 거짓을 말하기도 하고, 타인에게 일부러 듣기 좋은 말을 건네기도 하며, 또 가끔은 아닌 척 진심을 억누르기도 한다. 과연 왜 그러는 걸까?

관계와 솔직함의 상관관계?

　앞서 소개한 왕소심 씨의 사례처럼, 우리는 자신의 감정과 의견을 솔직하게 말하지 않는 이유로 '타인과의 관계를 염려하기 때문'이라고 생각한다. '내가 이런 행동을 하면 저 사람이 싫어하지 않을까?' '내가 거절하면 저 사람이 혹여 실망하지는 않을까?' 하고 말이다. 하지만 수잔 캠벨에 따르면, 솔직한 마음을 표현하지 않는 것은 상대방과의 관계를 좋게 하려는 목적이 아니라 단지 자신이 원하는 방향으로 상황을 통제하기 위함이라고 설명한다. '저 사람이 싫어할 수 있으니 내가 이렇게 행동해야만 해.' '저 사람이 나에게 호감을 갖게 하려면 지금 내가 이 행동을 해선 안 돼.'라며 임의대로 정해 버리고, 자신이 정한 대로 상황이 흘러갈 수 있도록 진심과는 다른 행동을 한다는 것이다. 아래의 상황을 살펴보자.

박 대리는 함께 일하고 있는 선배 이 과장이 못마땅하다. 늘 상대방의 말을 끝까지 듣지 않고 끼어들어 자기 말만 하려 드는 탓에, 다른 의견이 있어도 쉽사리 말하지 못하고 답답할 때가 한두 번이 아니었다. 하지만 박 대리는 언제나 자신감 넘치는 이 과장이 불쾌해할까 봐 이 사실을 솔직하게 말하지 못했다. 이런 상황이 반복되다 보니 박 대리는 점점 이 과장이 미워졌고, 이제는 한 공간에서 일한다는 것조차 싫어져 버렸다. 어느 순간 냉랭하게 변해 버린 박 대리를 보며 이 과장은 영문도 모른 채 당황스럽기만 하다.

박 대리는 이 과장의 감정이 상할까 봐, 그래서 두 사람의 관계에 부정적인 영향을 미칠까 봐 자신의 불편한 감정을 솔직하게 말하지 못했다. 하지만 그 결과는 어떠한가? 단지 나의 말을 끝까지 들어 주지 않는 상대방의 단 한 가지 행동 때문에 느낀 불편한 감정이었다. 하지만 그것을 솔직하게 말하지 못한 결과, 불편한 감정이 점점 커져만 갔고 행동뿐만 아니라 그 사람 자체를 미워하게 된 것이다. 그리고 결국 두 사람의 관계는 소원해져 버렸다.

위 박 대리의 사례와 같이 '솔직함'은 때때로 대인관계에 나쁜 영향을 준다는 오해를 받고 있다. 내가 솔직하게 말하면 상대방이 불편함을 느낄 거란 생각, 솔직하게 말해 봤자 좋을 게 없을 거란 생각, 솔직함을 꺼내는 것은 긁어 부스럼을 만드는 것이란 생각, 이 모든 생각은 오해에 불과하다. 그러니 솔직함에 대해 제대로 알아보자.

솔직함의 정체

솔직함이라는 것은 과연 무엇일까? 표준국어대사전에 따르면 '솔직하다'는 '거짓이나 숨김이 없이 바르고 곧다'는 의미의 형용사이다. 비슷한 의미로 '정직하다', '참되다', '진솔하다'라는 말을 쓰기도 한다. 또한 솔직하다는 것은 영어로 'frank'라고 표현하는데 이는 '자유롭다'는 의미의 단어인 'free'에서 유래하였다. 즉, 자기 생각이나 감정을 드러냄에 있어 자유로움을 느낀다는 긍정적인 의미로 '솔직하다'라는 표현을 쓰는 것이다.

이와 비슷하게 심리학에서는 자신의 이야기를 하는 것을 '자아 노출'이라고 부른다. 물론 누군가에게 자신의 마음속 이야기를 꺼내어 노출한다는 것이 쉽지만은 않다. 특히 서로 간에 심리적 안정감이 완전히 형성되지 않은 관계라면 더욱 그렇다. 하지만 심리치료 전문가 매튜 맥케이(Matthew Mckay)는 자신의 저서 『효과적인 의사소통을 위한 기술』에서 자아 노출에 대해 이렇게 말한다.

"자아 노출을 함으로써 우리는 다른 사람과의 관계를 흥미 있게 만들고, 친근감을 형성하며, 관계를 투명하고 생기 있게 만든다. 자아 노출이 없으면 자신의 개인적인 경험 안에 고립된다."

그렇다. 자아 노출에는 분명 용기가 필요하지만, 상대방과 더 깊은 관계, 더 진실한 관계로 발전할 수 있게 해 주기 때문에 우리는 기꺼이 자신을 솔직하게 드러내고자 한다. 다시 말해 타인과 나 사이에 친밀감을 형성하는 조미료로 '솔직함'을 쓴다는 것이다[2]. 그래서 솔직함은 대인관계에 있어 피해야 할 장애물이 아니라 서로를 이어 주는 다리와도 같다고 할 수 있다.

솔직하지 않음의 대가

솔직함이 대인관계의 장애물이 아님에도 불구하고 솔직함이 두려워 회피한 사람들은 그에 따른 대가를 치르게 된다. 2018년 10월, 대한상공회의소가 직장인 4,000명을 대상으로 업무처리 방식 실태를 조사한 바 있다. 해당 조사에서 직장인들은 기업의 업무처리 방식을 100점 만점에 45점으로 평가하며 업무처리가 심각한 수준으로 비효율적이라고 응답했다. 그뿐만 아니라, 업무 방향성은 29.6점, 지시 명확성은 39.2점, 추진 자율성은 36.8점, 과정 효율성은 44.8점으로, 모든 항목의 평가 점수가 50점에도 미치지 못했다. 왜 이렇게 직장인들은 업무처리 방식을 비효율적이라고 느꼈을까?

그 이유로 이심전심(以心傳心)을 바라는 고맥락 소통, 수직적·권위적 조직 문화, 관계 중심의 구시대적 업무 소통을 꼽았다. 상사는 때로 불명확한 업무지시를 내리면서 직원들이 그것을 '척하면 척' 알아듣기를 바란다. 이럴 때 직원들은 상사에게 질문하여 그 내용을 명확하게 확인하고 싶은 마음이 들더라도, 혹여 역량 부족으로 여길지도 모른다는 생각 때문에 선뜻 질문하거나 이의를 제기하지 못한다는 것이다. 즉, 직장인들은 업무적인 소통을 하고는 있지만 '업무'보단 상사나 동료들과의 '관계'를 더 중요시하기 때문에 진짜 해야 할 말을 못 하고 있다[3]. 이렇게 솔직하지 못한 소통 방식이 업무처리 과정 전반의 비효율을 가중하는 것이다.

02

솔직함에 대한 오해

우리는 왜 솔직하지 못한 걸까?
왜 그동안 솔직함에 대해 거부반응을 일으킬 수밖에 없었는지 알아보자.

언제 어디서나 솔직하지 못한 사람들

2015년 1월 세계일보의 조사자료를 살펴보자. 전국의 성인남녀 700명을 대상으로 조사한 바에 따르면, 많은 사람들이 자신이 소속된 조직에서 개선해야 할 점을 발견해도 말하지 않고 그냥 넘어간 적이 있다고 한다. 이 조사에서 자신의 의견을 표출했다고 응답한 사람은 11.7%에 불과했고, 침묵한 사람은 무려 88.3%에 달했다. 우리 주변이 잘못을 알아도 말하지 않고 불의를 봐도 눈을 감는 '입 닫은 자들의 사회'가 되고 있음을 보여준 것이다[4].

그냥 넘어간 적 있다고 응답한 사람 중 25.6%는 답변의 이유로 '내 말 때문에 조직 내 갈등이 생겨서 감정만 상하고 스트레스만 쌓일까 봐'라고 설명했다. 이어 13.8%는 '윗사람에게 부정적 평가를 받을까 봐', 9.4%는 '튀는 사람 혹은 분란 유발자 등으로 인식돼 왕따를 당할까 봐', 7.7%는 '조직의 의견에 따르는 것이 맞는 태도라고 생각해서'라고 답했다. 즉 응답자의 56.5%가 타인의 시선 혹은 타인과의 관계를 염려하여 솔직해지지 못한 것이다.

이뿐만이 아니다. '몸담고 있는 조직은 의견을 마음대로 말할 수 없는 분위기라고 생각하는가'라는 질문에는 32.4%가 '그렇다'라고 답했으며, '조직의 문제점이나 개선사항을 말하는 사람을 보고 괜히 갈등만 일으킨다고 생각한 적이 있는가'라는 질문에는 23%가 '그렇다'라고 답했다.

사람들이 솔직하지 못한 일은 비단 조직에서만 일어나는 것이 아니다. 우리나라의 3대 거짓말 중 하나가 바로 어르신들이 하시는 말씀인 '늙으면 죽어야지.'라고 한다. 이 세상에 진심으로 죽고 싶어 하는 사람이 과연 몇이나 될까? 진심이 아니라면 왜 어르신들은 이렇게 말씀하시는 걸까? 그 말의 속뜻을 들여다보자면, 나이가 들어 기운이 없고 몸도 여기저기 아프기 시작하니, 자식들을 힘들게 하는 것이 마음 쓰이고 미안해서 하는 말이다. 마음속으로는 '무슨 말씀이세요. 건강하게 오래오래 저희와 함께 사셔야죠.'라는 말이 듣고 싶었던 게 아닐까?

우리는 왜 이토록 솔직하지 못한 것일까?

우리가 솔직하지 못한 진짜 이유

우리가 느끼는 감정이나 머릿속 생각을 솔직하게 말하지 못하는 이유에는 여러 가지가 있다.

첫째, 우리나라는 예로부터 상대방에 대한 예의를 매우 중시하는 유교사상을 따르고 있기 때문이다. 그래서 우리는 상대방이 불편해할 수 있는 말을 바로 꺼내기보다, 그 말을 할 수밖에 없는 상황과 배경을 충분히 설명하여 완곡하게 느껴지도록 말해 왔다. 상대방의 부탁은 가능한 한 수락하여 부탁한 사람이 무안하지 않게 해 주어야 한다고 배웠고, 불편함을 느끼는 일이 있더라도 상대방을 배려해 "괜찮습니다."라고 말하는 것이 미덕이라고 믿어 왔다.

사람들과의 모임에서 에너지를 다 써 버리고 빨리 집으로 돌아가 쉬고 싶은 당신에게 한 동료가 다가와 말을 건다.

"가시는 길에 가까운 역 앞까지 저 좀 태워주시겠어요?"

역까지는 차로 겨우 5분 거리인데다 집으로 가는 방향이기도 해서 표면적으로는 전혀 무리한 부탁이 아니다. 하지만 지금 당신은 매우 피곤하고 지친 상태라 누구와도 대화하고 싶지 않고 1초라도 빨리 집에 도착하고 싶을 뿐이다. 당신은 어떻게 반응할 것인가? 동방예의지국에서 이렇게 어렵지 않은 부탁을 거절한다는 것은 쉽지 않다. 왜냐하면 거절하는 순간 자칫 예의 없는 사람, 배려심 없는 사람, 이기적인 사람으로 비쳐질지도 모른다는 두려움 때문이다.

　둘째, 우리나라의 의사소통 문화도 영향을 미친다. 미국의 인류학자 에드워드 홀(Edward T. Hall)이 제시한 바에 따르면, 의사소통에 있어 말과 글로써 의미가 전달되는 문화를 저맥락(Low Context) 문화, 맥락이나 상황과 같은 비언어적인 요소에 의해 의미가 전달되는 문화를 고맥락(High Context) 문화라고 한다. 그중 우리나라는 말 자체의 내용보다 말을 하는 맥락과 상황을 중요하게 여기는 고맥락 문화가 만연한데, 앞서 예를 들었던 "늙으면 죽어야지."와 같은 말이 이에 해당한다. 솔직하게 말하기 쑥스럽거나 민망한 순간에 고맥락 소통을 하게 되는 것이다.

　셋째, 오랜 시간 쌓여서 굳어진 퇴적암처럼 우리나라의 문화에 체면 의식이 굳게 박혀 있는 이유도 있다. 해리 프랑크푸르트(Harry G. Frankfurt)의 저서 『개소리에 대하여(ON BULLSHIT)』에서는, 자신의 욕구를 드러내기는 싫지만 자신의 느낌이나 욕구를 정당화하고 싶을 때 하는 말을 '개소리(bullshit)'라고 정의했다. 원서의 제목인 'bullshit'은 사전적으로 헛소리, 허튼소리, 실없는 소리, 허풍 등으로 번역되는데, 한글판으로 출간되면서 'bullshit'이 '개소리'로 번역된 것이다[5].

　그런데 한 방송을 통해 이 책을 대중에게 소개한 심리학자 김경일 교수는 자신의 경험을 바탕으로, 가정에서 자주 볼 수 있는 대표적인 '개소리'를 이것으로 꼽았다. 바로 식사 시간 중 아빠가 하는 말인 "밥 먹을 땐 조용히 해."였다. 이 말은 주로 가족이 자신의 말을 들어 주지 않을 때 하게 되는데, 자신의 말을 들어 줬으면 하는 욕구를 솔직하게 말할 수 없는 아빠의 체면 의식 때문이라고 한다. 가족이 자신의 말을 들어 주지 않아 불편해진 감정을 정당화하고 싶고, '가장'이라는 자신의 지위는 부정당하고 싶지 않아서 하게 되는 개소리라는 말이다.[6] 다시 말해, 자신의 욕구는 솔직하게 드러내지 못하면서 지위와 존중, 두 가지 중 어느 것도 놓치고 싶지 않은 체면 의식이 우리를 솔직하지 못하게 하는 것이다.

이러한 사회 문화 속에서 살아온 우리는 솔직함에 대한 거부반응을 일으킬 수밖에 없었다. 하지만 지금은 지식과 정보, 창의력이 곧 경쟁력인 시대이며, 그 어느 때보다 솔직함이 소통에 있어 중요한 도구가 되었다. 새롭게 등장한 MZ세대는 창의력이 뛰어나고 자신의 의견을 당당하게 표현하며, 잘못된 점에 대해서는 솔직하게 말하고 스스로 책임지는 문화를 만들어 가고 있다. (MZ세대란, 1980년대 초중반에서 1990년대 중반까지 출생한 밀레니얼 세대와 1990년대 후반에서 2000년대 초반까지 출생한 Z세대를 통칭하는 말이다) 게다가 빠르게 변화하는 경쟁사회에서는 신속하고 과감한 의사결정이 필요한데, 최적의 결정을 내리기 위해서는 솔직함이 더욱 강조될 수밖에 없다.

개떡같이 말해도 찰떡같이 알아들어라?

우리의 뇌는 외부로부터 정보를 받아들일 때, 그 정보를 시각화하려는 특성을 가지고 있다. 눈으로 글을 읽거나 귀로 말을 듣는 동안, 뇌는 그 내용을 이미지화하기 위해 시각피질이 있는 후두엽 영역을 활성화한다. 그리고 전두엽과 정보를 주고받으며 이미지를 시각화하기 위해 많은 에너지를 소모한다. 이때, 정보가 추상적이지 않고 구체적일수록 더 적은 에너지로 훨씬 빠르게 정보처리가 가능해진다. 하지만 이와 반대로, 경험해 보지 않은 정보일 경우 그 개념을 뇌가 쉽게 시각화하기 어렵기 때문에 많은 에너지와 노력이 필요하다.

사람과 사람 간의 소통에서도 이러한 뇌의 특성을 염두에 둬야 한다. 자신이 하고 싶은 말을 모호하고 추상적인 표현을 써서 말한다면, 상대방은 그 말을 이해하기 위해 머릿속에서 많은 에너지를 써야 한다. 가령 회사 팀원이 팀장으로부터 "적당히 만들어 와도 괜찮을 것 같아."라는 말을 듣게 된다면, '적당히'가 어느 정도를 말하는 것이며, '괜찮을 것 같아'는 진짜 괜찮다는 뜻인지 괜찮지 않다는 뜻인지 정확하게 이해하기 어렵다.

이렇게 불분명한 말은 화자의 의도와 다르게 해석될 수 있고, 화자가 기대하는 바와 전혀 다른 청자의 반응을 불러오기도 한다. 이런 상황이 반복된다면, 화자 입장에서는 상대방이 자신의 말을 제대로 이해하지 못한다고 생각해 무능하거나 눈치없는 사람으로 낙인찍게 되고, 청자 역시 상대방이 구체적으로 표현하지 못하는 답답한 사람이라고 여겨 두 사람의 관계가 악화될 수 있다. 그래서 자연스럽게 서로 간에 불신이 쌓이고, 뇌 속에서 신뢰 형성에 중요한 역할을 하는 호르몬인 옥시토신의 분비가 줄어들게 되어 스트레스와 불안감이 더욱 높아진다. 결국 말이 갖는 정보를 처리하는 데 소비해야 할 우리 몸의 에너지 자원을, 말의 내용과 의도를 파악하는 데 다 써 버려 제대로 된 소통이 어려워지는 것이다.

개떡같이 말해도 찰떡같이 알아듣기를 바라는가? 솔직함을 감추고 모호하게 표현해도 속마음을 귀신처럼 알아봐 주길 바라는가? 처음부터 자신의 솔직한 감정과 생각을 바탕으로 찰떡같이 말한다면 모든 것이 해결될 일이다.

03

왜 솔직해야 하는가?

알고 보면, 솔직함은 우리에게 매우 큰 효과를 가져다준다.
그 내용을 자세히 알아보자.

솔직함이 기업에 가져다주는 눈부신 성과

다음은 어느 기업에 관한 설명일까?

- 2020년 매출액 약 250억 달러
- 글로벌 유료 가입자 2억 명 돌파(2020년 12월 기준)
- 경쟁자는 오직 '수면시간'뿐

바로 세계적인 스트리밍 구독 서비스 제공업체인 '넷플릭스(NETFLIX)'의 이야기이다. 2019년 9월 이코노미조선이 실시한 넷플릭스 한국 사무소와의 인터뷰에 따르면, 직원들은 넷플릭스를 '솔직한 질문의 왕국'이라고 표현했다. 동료들끼리 서로를 솔직하게 평가하고, 모르는 것이 있으면 서로 간에 즉시 질문하여 궁금증을 해소하기 때문이다. 맥코드 전 CTO(Chief Talent Officer, 최고 인재 책임자)는 넷플릭스의 원칙으로 '극도의 솔직함'을 강조하면서 "솔직함은 사람을 성장하게 한다. 속으로만 간직하고 있던 대안을 꺼내 놓게 하고 의견의 차이를 없앨 수 있게 한다."라고 말했다.

넷플릭스 직원들은 서로 솔직하게 질문하는 것이 시비를 걸거나 견제하려는 의도가 아니라, 더 좋은 아이디어를 공유하고 수용하여 더 나은 결과를 도출하는 과정이라고 믿는다고 한다. 실제로 어느 날 갑자기 리드 헤이스팅스 넷플릭스 CEO가 직원들에게 이메일을 보내 질문을 던질 수도 있고, 전혀 관련 없는 부서의 직원이 '왜 이렇게 결정한 것이냐'고 대뜸 물어볼 수도 있다는 것이다.

이러한 솔직한 질문은 넷플릭스가 지금처럼 놀라운 성장을 하게 된 비결이기도 하다. 맥코드 전 CTO가 자신의 저서 『파워풀』에서 소개한 일화만 봐도 알 수 있다. 지금과 같은 온라인 동영상 서비스 이전에 넷플릭스는 DVD 대여 사업을 했는데, 당시 신입사원들을 대상으로 테드 사란도스 CCO(Chief Contents Officer, 최고 콘텐츠 책임자)가 '콘텐츠 윈도잉'에 대해 설명하는 자리가 있었다. 콘텐츠 윈도잉이란 전통적인 영화 배급 시스템을 말하는데, 맨 처음 영화를 극장에서 최초 공개한 후 다음으로 호텔 등에서 주문형 유료 방송으로, 그다음엔 DVD로 만들어 유통하는 방식이다.

그런데 이때, 한 신입사원이 테드 사란도스에게 "꼭 저렇게 진행해야 하나요? 바보 같아 보이는데요." 하고 반문한 것이다. 아무런 의심 없이 관행을 따르기만 했기 때문에 테드 사란도스는 당황했지만, 그 질문을 계기로 콘텐츠 배급 방식의 혁신에 몰두했다. 그리고 몇 년 후 넷플릭스는 전통적인 방식을 완전히 뒤바꾸고 모든 콘텐츠를 한 번에 공개하는 스트리밍 서비스를 제공하게 되었다. 당신이 넷플릭스 서비스 안에서 원하는 드라마의 모든 회차를 한 번에 볼 수 있는 것도 이 때문이다[7].

이러한 넷플릭스의 솔직한 조직 문화가 기업 성과에 직접적인 영향을 미쳤다고 생각한 많은 기업은 넷플릭스의 조직문화를 벤치마킹하기 시작했다. 실제로 넷플릭스 최고경영자(CEO)인 리드 헤이스팅스가 하버드 비즈니스 리뷰(HBR)를 통해 공유한 '자유와 책임의 조직문화' 가이드 『컬처 데크(Culture Deck)』는 세계적으로 매우 높은 조회 수를 보인 바 있다. 해당 가이드에서 제시하는 핵심 가치 중 하나인 'Honesty'의 내용은 다음과 같다.

Honesty

(*저자번역)

You are known for candor and directness.
ㄴ 당신은 진실하고 솔직하다고 알려져 있습니다.

You are non-political when you disagree with others.
ㄴ 당신은 타인의 의견에 동의할 수 없을 때 정치적으로 행동하지 않습니다.

You only say things about fellow employees you will say to their face.
ㄴ 당신은 동료들에 관해서는 면전에서 할 수 있는 말만 합니다.

> You are quick to admit mistakes.
> └ 당신은 실수를 빠르게 인정합니다.

솔직함이 직원들에게 가져다주는 정서적 효과

당신은 현재 소속되어 있는 조직에 대해 얼마나 몰입하고 있는가? 애리조나 주립대 김정희원 교수의 연구에 따르면, 조직 몰입도를 측정하는 여러 방식 중 가장 보편적으로 활용되는 개념으로 '정서형 몰입(Affective Commitment)'과 '유지형 몰입(Continuance Commitment)'이 있다고 한다. 정서형 몰입이란, 소속된 조직에 애착을 느낄 뿐 아니라 조직이 개인의 성장에도 유의미한 영향을 미친다고 생각하기 때문에 회사를 다니는 유형이다. 반면 유지형 몰입은, 회사 말고는 별다른 대안이 없어서 생계를 위해 어쩔 수 없이 회사에 남아 있는 경우라고 볼 수 있다. 그리고 직장 내 경험이 긍정적일수록 유지형 몰입보다 정서형 몰입이 많다.

김정희원 교수는 직장인 익명 커뮤니티 애플리케이션 '블라인드(Blind)'를 운영하는 ㈜팀블라인드와 함께 '대한민국 직장인들의 정서형 몰입 정도'를 측정하기 위한 네 가지 질문을 했고, 그 결과는 다음과 같았다.

- "나는 이 회사에 강한 소속감을 느낀다." **(10%)**
- "나는 이 회사에 정서적 애착이 있다." **(9%)**

- "이 회사는 내게 개인적으로 큰 의미가 있다." (17%)
- "이 회사에서 나의 커리어를 계속 이어갈 수 있다면 행복할 것 같다." (18%)

응답 결과만 보더라도 조직 몰입도가 매우 낮은 것을 알 수 있다. 그런데 설문 이후 추가로 진행한 심층 조사를 통해 직장 내 '표현의 자유(workplace freedom of speech)'가 정서형 몰입을 직접적으로 증가시킨다는 것이 밝혀졌다. 즉, 자유롭게 의견을 개진할 수 있는 조직 문화를 형성하는 것만으로도 직장인들의 정서나 태도를 변화시킬 수 있으며, 나아가 직원들의 조직 이탈을 막는 효과가 있다는 것이다[8].

그 외에도 다양한 해외 기관에서 솔직함이 기업의 성장에 가져오는 결과에 관해 연구한 결과를 발표한 바 있다. 맥킨지 글로벌 연구소에서는 '직원들이 솔직하게 소통할 수 있는 사내 커뮤니케이션 도구를 갖춘 회사가 그렇지 않은 회사보다 25% 이상 생산성이 높다'고 밝혔으며, 하버드 비즈니스 리뷰에서는 '적극적인 소통을 통해 목표를 공유하고 상호 이해하려 노력하는 회사에서 일하는 직장인은, 그렇지 못한 직장인보다 세 배가량 더 열정적으로 일한다'고 밝힌 것이다.

이 같은 결과들이 증명하듯, 직원들이 솔직하게 자신의 목소리를 내는 것은 직원들에게 정서적으로 긍정적인 영향을 미치게 되고 그것은 곧 기업의 성장과도 연결되는 것이다. 특히 집단의 이익보다 개인의 성장을 더 중요시하는 MZ세대가 기업에서 실무자의 위치에 자리를 잡은 지금은 더욱 그렇다. 그러므로 기업은 수직적인 문화 속에서 강압적이고 타이트한 규칙을 내세우며 직원들을 통제하기보다는, 직원들이 솔직하게 의견을 내고 자발적으로 일할 수 있도록 동기부여 하는 것이 필요하다.

솔직함이 개인에게 가져다주는 심리적 변화

솔직함은 기업뿐만 아니라 개인에도 변화를 가져다준다. 당신은 일상 속에서 주변 사람들에게 '고맙다'라는 말을 얼마나 자주하고 있는가? 미국 존 템플턴 재단(John Templeton Foundation)이 2,000명을 대상으로 실시한 설문조사에 따르면, 대부분의 직장인이 동료에게 고맙다고 말하는 횟수가 기껏해야 1년에 한 번 정도라고 한다[9]. 고마움을 느끼지 않아서가 아니라, 고맙다고 말하는 것이 수줍어서 말하지 못하거나 자신의 고마움을 상대방이 이용할지도 모른다는 생각 때문이다.

하지만 이런 생각과 다르게, 고마움을 솔직하게 표현하는 말 한마디는 상대방과의 관계에 매우 긍정적인 영향을 미친다. 미국의 심리학자 애덤 그랜트(Adam Grant)와 프란체스카 지노(Francesca Gino)는 고마움의 표현이 어떠한 관계 변화를 일으키는지에 관한 재미있는 실험을 했다. 실험 참가자들에게 취업을 준비 중인 학생의 입사지원서 쓰는 일을 도우라는 과제를 부여했고, 실험 참가자들이 피드백을 보내면 학생은 이렇게 답장을 보냈다. "제 입사지원서 도입부에 대한 선배님의 피드백, 잘 받았습니다." 그러고는 또 다른 문제를 도와달라고 부탁했다. 이때 답장을 받은 실험 참가자 중 그 학생을 재차 도운 사람은 32%에 불과했다. 하지만 학생이 실험 참가자의 답장에 "정말 고맙습니다! 큰 도움이 되었습니다."라는 짧은 두 마디를 추가하자, 도와주겠다는 비율은 66%로 2배 이상 높아졌다. "고맙습니다."라는 말 한마디의 위력을 보여 준 것이다.

여기서 끝이 아니다. 또 다른 학생이 실험 참가자들에게 도와달라고 부탁하도록 했는데, 이전에 고맙다는 말을 들은 참가자들이 또 다른 학생을 도울 확률은 55%로, 고맙다는 말을 듣지 못한 참가자들(25%)보다 2배 이상 높았다. 애덤 그랜트와 프란체스카 지노는 솔직하게 표현한 '고맙다'는 말 한마디가 대인관계에도 긍정적인 영향을 준다고 주장한다. 고맙다는 말을 들은 사람의 자존감을 높이고 자신감을 강화하여, 상대방을 믿고 돕는 분위기를 만들기 때문이다[10].

이같이 솔직함은 지금껏 사람들로부터 받고 있던 많은 오해와 달리, 관계와 소통에 있어 매우 긍정적인 역할을 하고 있다. 지금 우리, 솔직함에 대한 오해를 풀고 제대로 솔직해져 보는 것은 어떨까?

04

솔직함
잘 쓰는 법

솔직함을 무기(weapon)가 아닌 무기(strength)로 만드는
세 가지 방법을 알아보자.

솔직함은 무기(strength)인가, 무기(weapon)인가?

옛날 옛적, 어떤 집에서 아들이 태어나 큰 잔치를 벌였다. 손님들이 찾아와 덕담을 건넸다. 한 손님은 "이 아이는 커서 부자가 될 것이오."라고 했다. 그러자 부모가 기뻐했다. 또 다른 손님이 "이 녀석은 커서 높은 벼슬을 할 것입니다."라고 하자 부모는 손님에게 고마워했다. 그런데 어떤 손님이 "이 아이는 언젠가는 죽게 될 것입니다."라고 말했다. 그 말이 떨어지기 무섭게 사람들이 그를 비난하며 때려 주었다.

― 루쉰, 『입론(立論)』

　인터넷 속어 중 '팩폭'이라는 말이 빈번하게 사용되고 있다. 팩폭이란 '팩트폭력'의 줄임말로, 반박할 수 없는 팩트(fact, 사실)로 상대에게 타격을 준다는 뜻이다. 팩트폭력을 가한다는 의미로 '픽트폭행', 팩트폭행을 하는 사람을 '팩력배'라고 부르며, 팩폭과 비슷한 의미로 '뼈 때린다'라는 말을 쓰기도 한다.

팩폭 현장은 우리 주변에서 드물지 않게 목격할 수 있다. 오래도록 고민하고 연구한 제품을 발표하는 회사 미팅 자리에서 다른 팀 직원이 "그 디자인은 좀 구린데요?"라고 가감 없이 솔직하게 하는 말이나, 친구들과의 식사 자리에서 유일하게 결혼을 안 한 친구에게 "너 그래서 결혼을 못 하는 거야!" 하고 농담조로 하는 말들이 바로 그 예가 된다.

'솔직함'은 때로 이렇게 다른 사람의 마음을 다치게 하는 무기(weapon)가 되기도 한다. 솔직함이 쿨하고 시크한 것으로 포장되어 잘못 사용되기 때문이다. 많은 방송 프로그램에서도 출연자들이 상대의 문제를 팩폭하고 뼈를 때리며 시청자들의 관심을 끈다. 어디 방송 프로그램뿐이겠는가. 지도자급 정치인들과 논객들도 너나 할 것 없이 상대의 허물과 부족함에 대해 느끼는 대로 솔직하게 팩폭하고 온갖 자극적인 표현을 동원해 정통으로 상대의 뼈를 때리고 있다.

더 이상 '솔직함'을 날카로운 '무기(weapon)'로 사용하며 다른 사람을 해치려 하지 말고, 대인관계에서 당신만의 '무기(strength)'로 활용해 보자. 솔직함을 무기(strength)로 만드는 방법을 다음과 같이 소개한다.

첫째, 솔직함을 준비하는 법

타인에게 솔직해지기 위해서는 제일 먼저 솔직함을 준비해야 한다. 준비 방법은 간단하다. 솔직해져도 되는지 솔직함의 필요성을 판단하는 것이다. 아래의 질문을 참고하자.

〈 솔직함 준비 체크리스트 〉

1) 솔직함이 **도움**이 되는가?
   - 이 말을 하면 과연 상대방에게 도움이 되는가?
   - 혹은 나 자신에게 도움이 되는가?

2) 솔직해도 될 **관계**인가?
   - 상대방과 나의 사회적 거리는 어느 정도인가?
   - 상대방과 나는 서로 간에 솔직함이 필요한 관계인가?

3) 솔직해도 될 **상황**인가?
   - 지금이 솔직하게 말하기에 적절한 시점인가? (Time)
   - 이곳이 솔직하게 말하기에 적절한 장소인가? (Place)
   - 지금 상대방과 내가 단둘이 있는가? 아니면 여러 명이 함께 있는가? (Occasion)

솔직함을 가장한 팩폭이 되지 않으려면, 솔직하게 말하는 것이 도움이 되는지, 솔직하게 말해도 되는 관계인지, 그리고 솔직하게 말해도 되는 상황인지를 판단하는 것이 먼저다.

둘째, 솔직한 감정을 표현하는 법

솔직하게 말하려다 무례한 사람 혹은 갈등을 만드는 사람으로 낙인찍히게 되면, 나중에는 꼭 해야 할 말도 못 하게 되는 경우가 있다. 괜히 말했다가 도리어 손해를 보는 생각이 들기도 해서, 할 말 다 하고 사는 사람은 없을 거라며 애써 위로를 하기도 한다. 그러다 보니 가짜 감정과 가짜 말들로 다른 사람을 대하는 것에 익숙해지고, 우리가 속한 사회나 조직에서도 가짜 관계만이 가득해지게 된다. 과연 누구를 위해 솔직함을 감추는가?

솔직함은 우리 모두를 위해 반드시 필요하다. 그렇다면 무례한 사람, 불편한 사람, 갈등을 만드는 사람이라는 인상을 주지 않고 욕구와 감정을 솔직하게 표현하려면 어떻게 해야 할까?

먼저, 무례함과 솔직함의 차이부터 이해해야 한다. '내 감정과 욕구를 타인에게 수용받고 싶은 마음'에서 시작된 표현이라는 공통점 때문에 종종 두 개념을 혼동하게 되는데, 그 차이를 이해하고 인지하면 무례해 보이지 않으면서도 솔직하게 표현할 수 있다. 그 차이는 바로 '내가 그런 것처럼 타인도 자신의 감정과 욕구에 충실하고 싶은 것은 마찬가지'임을 인정하는 마음이다[2].

무례함에는 오로지 '나'만 존재한다. '내 감정, 내 욕구, 내 생각이 이러니 너도 거기 맞춰 줘야 한다'는 생각이 전제되어 있다. 그렇기 때문에 표현에 배려나 조율, 협상의 여지가 없다. 유연하게 다른 가능성을 고려하지 않고 자기 뜻을 관철하려는 욕구만이 드러난다. 그래서인지 무례한 사람을 만나면 그 공간조차 날 선 에너지로 가득 찬다.

솔직한 사람들도 분명 자기 감정, 자기 욕구를 전한다. 하지만 그들의 표현에는 자기 말을 듣는 타인의 감정과 욕구에 대한 고려가 있다. 이런 사람의 이야기는 수용할 만하다고 생각되어 고개를 끄덕이게 한다. 듣는 이의 상황과 감정을 존중하고 배려하며 표현하기 때문이다. 솔직한 사람은 자신이 감정과 욕구를 솔직하게 전달하는 만큼, 상대방 역시 자신의 감정과 욕구를 존중받고 싶어 한다는 사실을 알고 있다. 그러므로 무례하지 않게 솔직함을 표현하기 위해서는 상대방의 감정과 욕구를 존중하는 대화를 해야 한다.

솔직한 감정 표현 방법 '사.생.결.단.'

우리말 중에 '죽고 사는 것을 돌보지 않고 끝장을 내려고 함'이라는 의미의 '사생결단'이라는 말이 있다. 죽음과 삶을 뜻하는 '사생(死生)'과 딱 잘라 단정한다는 뜻의 '결단(決斷)'이 결합된 말로, 위기의 순간에 목숨을 걸고 온 힘을 다한다는 의미로 쓰인다. 만약 당신이 상대방과의 관계를 사생결단 낼 생각이라면, 얼마든지 무례하게 당신의 솔직한 감정만을 쏟아 내도 괜찮다. 하지만 상대방과의 관계를 건강하게 지키고 싶다면, 또 다른 의미를 갖는 '사.생.결.단.'의 순서대로 당신의 감정을 솔직하게 표현해 보자.

1단계 **사:** 내가 관찰하거나 경험한 **사실**을 있는 그대로 설명한다.

내 눈으로 관찰했거나 직접 경험한 사실만을 바탕으로 설명하는 것이

핵심이다. 주관적인 판단이 개입되지 않아야 하는데, 특히 성급한 일반화를 유의해야 한다. 남편이 술을 많이 마시고 늦게 들어오는 일이 잦아 걱정이 많은 아내의 말을 살펴보자.

"어이구, 술이 그렇게 좋냐? 왜 늘 그 모양이니?"

자주 술을 마시는 남편은 마치 술을 좋아하는 것처럼 보일 수 있겠으나, 실제로 남편이 술을 좋아해서 마신 건지 업무 때문에 어쩔 수 없이 마신 건지는 확인하지 않았다. 또한 '늘'이란 표현은 100%를 의미하기 때문에 하루도 빠짐없이 매일 마신 것처럼 들리지만, 이 역시 사실이 아니다. 남편이 술을 좋아할 거란 판단의 말과 성급한 일반화의 말을 제거하고 이렇게 말해 보자.

"당신 이번 달 들어서 술 마시고 늦게 들어오는 날이 많아졌어."

2단계 **생:** 내가 관찰하거나 경험한 사실로 인해 내 머릿속에 떠오른 **생각**을 알린다.

그 사실을 경험함으로써 어떠한 감정을 느꼈다면 사실과 감정 사이에 어떤 '생각'이 떠올랐기 때문이다. 술을 많이 마시고 늦게 들어오는 남편을 보며 아내는 '저렇게 술을 많이 마시다가 건강이라도 나빠지면 어쩌나?' '밤늦게 다니다가 무슨 사고라도 당하면 어쩌나?' 하는 생각이 들었을 것이다. 그런데 남편에게 자신의 '생각'을 알리지 않고 바로 '감정'만 전달하려다 보니 소통에 오류가 생기게 된다.

그러므로 내가 경험한 어떤 사실로 인해 머릿속에 떠오른 생각이 무엇인지 스스로 확인한 후에 그 내용을 상대방에게 알릴 필요가 있다. 그래야 다음 단계에서 밝힐 나의 감정이 설명될 수 있기 때문이다.

술 마시고 늦게 들어온 남편에게는 2단계로 이렇게 말해 보자.

"당신이 술을 마시고 늦은 시간까지 들어오지 않으면, 혹시라도 집에 오는 길에 무슨 사고라도 당한 게 아닐까 하는 생각이 들어."
"당신이 늦은 시간까지 술 마시는 일이 많아지니, 당신 건강이 나빠질 것 같다는 생각이 들어."

3단계 결: 그 생각의 **결과**로 내가 느끼게 된 감정을 솔직하게 말한다.

내 머릿속에 떠오른 생각을 알렸다면, 그 생각의 결과로 느껴지는 나의 감정을 솔직하게 말해 보자. 감정의 원인을 먼저 밝혔기 때문에 상대방의 입장에서도 당황스럽지 않을 수 있다.

"(무슨 사고라도 당한 게 아닐까 하는 생각이 들어서) 저녁 내내 마음이 불안해."
"(건강이 나빠질 것 같다는 생각이 들어서) 걱정스러워."

이때 자기감정을 제대로 아는 것이 중요하다.

당신은 언제 "짜증 나!"라는 말을 하는가? 회사에서 상사에게 잔소리를 들었을 때, 문서작업을 하던 중에 컴퓨터 오류로 문서가 삭제되어 버렸을 때, 어린 동생이 옆에서 귀찮게 할 때, 혹은 애인이 온종일 연락이 안 될 때. 우리는 이 모든 경우에 '짜증 난다'와 같은 표현을 쓰고 있지만, 분명 매번 같은 감정을 느낀 건 아닐 것이다. 짜증 난다는 감정을 조금만 깊이 들여다봐도 '억울하다', '화나다', '귀찮다', '서운하다' 등 각기 다른 감정임을 알 수 있다. 그러므로 이 단계에서는 자신의 감정이 무엇인지 제대로 들여다보고, 그 감정을 솔직하게 상대방에게 표현할 수 있어야 한다.

4단계 단: 내가 원하는 바를 **단 한 가지**만 구체적으로 표현한다.

앞서 설명한 1~3단계에 따라 내가 어떤 이유로 어떤 감정을 느꼈는지 충분히 설명했다면, 마지막으로는 내가 상대방에게 원하는 바를 구체적으로 설명하고 요청해야 한다. 그런데 여기서 기억해야 할 점은, 단 한 가지만을 요청할 때 상대방이 더 쉽게 받아들일 수 있다는 것이다. 어릴 적 부모님의 잔소리가 지겹다고 생각하며 한 귀로 듣고 한 귀로 흘린 적 있는가? 부모님 말씀에 따르면 우리에게는 실천해야 할 과제가 너무 많았다. 단 한 가지였다면 실천하고 칭찬받으며 성취감을 느꼈을 텐데 말이다. 이와 비슷하게, 상대방에게 요구하는 내용이 많으면 많을수록 상대방이 수용할 확률은 낮아진다. 그러므로 꼭 필요한, 가장 원하는 단 한 가지만 요청해 보자.

술을 많이 마시고 늦게 들어오는 남편이 걱정된다면, 걱정되는 마음을 솔직하게 표현한 후에 남편에게 바라는 점을 단 한 가지만 표현해 보자.

"앞으로는 내가 불안해하지 않도록 집에 들어오는 길에 나에게 전화 한 통해 줄 수 있을까?"

"앞으로는 건강을 생각해서 한 병만 마시는 게 어떨까?"

그렇다면 이번에는 또 다른 사례를 예로 들어 솔직한 감정 표현법을 연습해 보자.

약속 시간보다 늘 5분씩 늦게 도착하는 친구가 있다. 처음에는 별생각 없이 '그러려니' 하고 지나쳤는데, 여러 번 같은 일이 반복되다 보니 점점 기분이 나쁘고 서운해진다. 그러다 오늘은 친구가 몸이 안 좋다는 이유로 20분이나 지각했다. 화가 난 당신은 친구에게 어떻게 말하겠는가?

"넌 꼭 나를 만날 때마다 매번 늦더라? 너 나 무시하니? 진짜 기분 나빠!"

아무리 화가 나더라도 일방적인 자기 판단을 근거로 자기감정만 토해 내는 것은 이 책에서 말하는 진정한 솔직함과 거리가 있다. 앞서 소개한 사.생.결.단. 공식에 대입하여 말해 보자.

1단계 경험한 사실:
어제와 그제, 그리고 지난주 수요일, 나와의 약속 시간에 5분씩 늦었더라.

2단계 떠오른 생각:
늦는 일이 반복되니 혹시 네가 나를 무시하는 게 아닌가 하는 생각이 들어서

3단계 **결**과적 감정:
많이 서운했어.

4단계 **원하는 단** 한 가지:
앞으로는 지금보다 5분 일찍 출발해서 약속 시간에 늦지 않게 나와주면 좋겠어.

마지막으로 유의할 점이 있다. 사.생.결.단.의 공식에 따라 솔직함을 표현하면서도 혹시나 하는 마음에 이런 말을 덧붙이는 일은 없어야 한다.

"기분 나쁘게 듣지 마."
"다 너를 위해서 하는 말인데…."
"오해하지 말고 들어."

자신이 하는 솔직한 감정 표현의 긍정적인 의도를 강조하기 위하여 건네는 말일 테지만, 이는 아무런 도움이 되지 않는다. 솔직한 표현이 나의 선택이듯, 나의 솔직한 표현에 대한 반응 역시 오롯이 상대방의 몫이다. 내 말에 상대방은 얼마든지 불쾌해할 수 있고, 내 감정에 동감하지 않을 수도 있다는 것을 기억해야 한다.

또한, 사.생.결.단. 기법은 위의 사례들처럼 반드시 부정적인 감정에만 활용할 수 있는 게 아니다. 당신이 만약 긍정적인 감정을 표현하는 데에도 어려움을 겪는다면, 이 방법을 활용해 보자. 당신의 감정을 상대방이 이해하고 공감함으로써 그 관계는 더욱 단단하고 건강해질 수 있다.

셋째, 솔직한 의견을 표현하는 법

나삼삼 씨와 고자극 씨는 결혼한 지 어느덧 10년이 넘어 라이프 스타일이 거의 완벽하게 비슷해졌지만, 아직도 입맛만은 맞추지 못하고 있다. 나삼삼 씨는 유난히 음식을 싱겁게 먹는 편이고, 고자극 씨는 웬만해선 맛이 없다고 느낄 정도로 자극적인 맛을 즐긴다. 어느 주말 아침, 고자극 씨가 끓인 미역국을 맛보던 나삼삼 씨의 한마디는 이윽고 두 사람을 말다툼으로 이끌었다.

"여보, 미역국에 소금이 많이 들어가 있네."

이 한마디에는 어떤 문제가 있을까? 앞서 '솔직한 감정 표현 방법'에서도 언급한 것처럼, 나삼삼 씨는 자신의 의견을 마치 사실인 양 말하고 있다. '사실'이란 실제로 일어난 일을 말하며, 입증이 가능하다. 하지만 '의견'은 어떤 대상에 대해 가지는 생각을 말하며, 반론이 존재한다. 나삼삼 씨의 말을 살펴보면 미역국에 소금이 '많이' 들어가 있다고 하는데, 이때의 '많이'는 과연 얼마만큼의 양을 말하는 걸까?

평소에 음식을 싱겁게 먹는 나삼삼 씨는 미역국이 짜게 느껴졌고(의견), 그래서 미역국에 소금이 많이 들어가 있다고 말했다. 하지만 자극적인 음식을 즐겨 먹는 고자극 씨의 생각에는 적당한 양의 소금을 넣은 것이다. 이렇듯 어떤 사실에 대해 개인적이고 주관적인 판단을 개입해서 해석하거나 개인적인 의견을 마치 사실인 양 말한다면, 소통에 어려움이 생길 수밖에 없다.

솔직함을 표현할 때도 마찬가지다. 자신의 솔직한 생각을 말하는 것은 단지 '의견'일 뿐이지 절대로 '사실'이 아니다. 그런데도 마치 자신의 의견을 사실인 양 말한다면 상대방을 오해하게 하고 반발심이 들게 하여 원활한 소통에 어려움을 겪게 된다. 분명한 의견이 있음에도 불구하고 선뜻 솔직하게 말하기가 힘들었다면, 질문을 활용해 보자. 내 의견을 솔직하게 말할 수 있는 상황을 조성할 수 있다.

1) 닫힌 질문으로 상대방의 의견 확인하기

솔직한 의견을 말하기 이전에 상대방의 의견을 제대로 이해해야 한다. 맞게 이해했는지 확인하기 위해서는 닫힌 질문을 활용하면 좋다. 닫힌 질문(closed question)이란, 상대방이 '예' 혹은 '아니오'와 같이 제한된 답변만 할 수 있는 형태의 질문을 말한다. 예를 들면, "오늘 날씨 참 좋지?", "식사했어?", "이 영화 재미있었지?"와 같이 "예." 혹은 "아니요."로 대답하게끔 하는 질문이다. 솔직한 의견을 말하기 전에 내가 상대방의 의견을 제대로 이해했는지 확인하려면 아래와 같은 닫힌 질문을 활용해 보자.

- 이와 같은 의견이 맞나요?
- 제가 맞게 이해했나요?
- ○○라고 생각하시나요?
- ○○하자는 말씀이신가요?
- ○○하실 건가요?

상대방의 의견을 제대로 확인하지 않고 섣불리 나의 솔직한 의견만을 나열한다면 상대방의 의견에 대한 존중이나 공감은 생략되어 버리므로, 반드시 질문을 통한 확인 절차를 거치는 것이 좋다.

2) 열린 질문으로 상대방의 이유와 입장 확인하기

상대방의 의견이나 주장하는 바를 제대로 확인했다면, 그렇게 생각한 이유, 입장, 상황까지 파악해 보자. 이때는 열린 질문을 활용할 것을 권한다. 열린 질문(opened question)이란, 앞서 설명한 닫힌 질문과는 반대되는 개념으로 상대방이 자신의 생각을 자신의 방식대로 자유롭게 말할 수 있도록 도와주는 질문의 형태다. 예를 들어 "오늘 날씨 어때?", "식사는 어땠어?", "이 영화 어땠어?"와 같은 질문이 이에 해당한다. 앞서 닫힌 질문이 제한적인 답을 유도한 것과 달리, 열린 질문은 질문자가 의도하지 않은 부분까지 확인할 수 있기도 하다.

- 어떤 계기로 그런 생각을 하게 되었나요?
- 특별히 그렇게 생각한 이유를 들어 볼 수 있을까요?
- 혹시 비슷한 다른 사례가 있었나요?

3) 이유와 함께 자신의 의견을 솔직하게 말하기

두 가지 형태의 질문으로 상대방의 의견과 이유, 입장을 충분히 확인했다면, 이제 당신의 의견을 솔직하게 말해 보자. 이전의 확인 단계를 거치는 과정에서 당신은 상대방의 생각에 대한 오해를 최소화할 수 있게 되었고, 상대방 역시 당신의 태도를 통해 충분히 의견을 조율해 나갈 수 있을 거란 믿음을 갖게 되었으니 말이다.

> - 저는 이렇게 생각합니다. 왜냐하면….
> - 저도 고민해 보았는데, 이런 방법은 어떠세요?
> - 현재 저는 이런 상황이라 이렇게 하는 것이 더 합리적이라고 생각합니다.

내가 솔직함을 표현하는 만큼 상대방의 솔직한 마음을 알고 싶다면 '저 사람이 과연 언제쯤 솔직하게 털어놓고 말을 해 줄까?' 하며 마냥 기다리지 말고, 그가 솔직하게 말할 수 있도록 적극적으로 도와야 한다. 가족이나 연인이 나에게 어떤 불편한 마음을 갖고 있는지 알고 싶다면, 눈치만 보지 말고 질문하라. 업무지시를 받은 후에는 상사가 나에게 기대하는 바가 무엇인지 알고 싶다면, 그가 솔직하게 말할 수 있도록 더욱 구체적으로 질문하라. 질문은 역량 부족의 증거가 아니다. 솔직하게 말해 주어야만 더욱 훌륭한 성과를 만들어 낼 수 있다. 서로 눈치 보며 에너지를 써 버리느라 행복감을 느낄 새가 없다면, 그 얼마나 불행한 일인가.

05

솔직함을 위한 바람직한 자세

상대방의 솔직한 말을 곡해하지 말고 그의 선한 의도를 헤아리려고 노력하자.
솔직함이 기본이 되는 소통으로 우리 모두 건강한 삶을 살아가자.

소통에는 '치트키'가 없다

"형님, 거시기 하셨슈?"
"한참 전에 혔는디. 자네도 거시기 혔는가?"
"지는 거시기 혀서 저녁에나 거시기 헐 수 있겄는디요."

당신은 이 대화를 이해할 수 있는가? 두 사람은 마치 암호 같은 단어를 써서 대화하고 있지만, 서로의 말을 이해하는 데 전혀 어려움이 없어 보인다. 서로의 머릿속 생각이나 속마음을 귀신같이 알 만큼 막역한 사이이기 때문에 가능한 일이다. 2인조 가수 '도시의 아이들'의 히트곡인 〈텔레파시〉의 가사 "눈빛만 봐도 알 수 있잖아. 옷깃만 스쳐도 우린 느낄 수가 있어."처럼 말이다.

과연 두 사람이 말한 '거시기'는 무슨 뜻일까? 표준국어대사전에 따르면, 이름이 얼른 생각나지 않거나 바로 말하기 곤란한 사람 또는 사물을 가리키는 대명사, 혹은 하려는 말이 얼른 생각나지 않거나 바로 말하기가 거북할 때 쓰는 감탄사이다. 다시 말해, 매우 불명확하고 모호한 표현이다. 위 두 사람처럼 눈빛만 봐도 알 수 있는 사이에서나 이해할 수 있는 말일 뿐이다. 하지만 기억하자. 소통에는 이 '거시기'와 같은 '치트키(cheat key, 게임을 유리하게 하려고 비밀스럽게 만든 아이템이나 프로그램을 말하는 게임 용어)'가 없다는 것을 말이다. 자신의 감정이나 의견을 솔직하게 표현하지도 않으면서 상대방이 알아주기를 바라는 것은 이제 멈추어야 한다.

솔직함으로 만드는 건강한 소통

많은 사람이 갖고 있는 크고 작은 고민은 많은 부분 '관계'에 관한 것이다. 실제로 서점에 가 보면, 타인과의 관계와 소통에 관한 무수히 많은 자기계발서가 출간되고 있음을 알 수 있다. 다른 사람들과 관계를 맺고 지내다 보면 소통을 하는 과정에서 상대의 말 때문에 감정이 상하고 갈등을 겪기도 한다. 그런데 신기한 것은, 똑같은 말을 들었어도 어떤 사람에게는 아무런 타격이 없고 어떤 사람에게는 오랜 시간에 걸쳐 회복해야 할 상처가 된다는 것이다. 이는 말 그 자체보다는 그 말을 듣는 개개인의 마음의 땅이 각기 다르기 때문이 아닐까. '말'이라는 씨앗은 똑같지만, 어떤 땅에 뿌려지느냐에 따라 그 씨앗의 영향력이 달라진다.

앞서 말한 무례함과 솔직함을 기억하는가? 만약 상대방이 무례한 말을 했다면 나에게 상처가 될 수 있으므로 적절하게 대처해야 하는 것이 맞다. 하지만, 상대방이 솔직한 말을 했다면 그것을 받아들일 줄 아는 자세도 필요하다. 상대방이 '아'라고 말하면 '어'나 '오'가 아니라 '아'라고 그대로 받아들이면 된다. 괜히 상대방의 의도를 의심하거나 숨겨진 다른 의미가 있을지도 모른다고 생각하느라, 관계와 소통에 불필요한 에너지를 쓰지 않도록 하자.

상대방이 솔직하게 건네는 말을 곡해하지 말고 있는 그대로 받아들이자. 그 말에 담긴 상대방의 선한 의도를 헤아리려고 노력한다면 우리 마음의 땅도 비옥해질 것이다. 솔직함이 기본이 되는 소통으로 우리 모두 건강한 삶을 살아가길 희망한다.

챕터 04

인정(認定)에 관하여

김민경 | 에듀이룸 컨설팅 대표

누군가에게 인정(認定)받고 싶다고 생각한 적이 있는가? 반대로, 누군가를 인정(認定)하려는 마음을 갖고 노력해 본 적이 있는가? 사람은 누구나 인정받기를 원하는 '인정욕구'가 있다. 이를 전제로, 상대방을 인정하는 것의 긍정적인 효과를 알고 인정(認定)의 기술을 활용해 보자. 내가 먼저 상대방을 인정하는 소통을 하고 그것이 쌓이면, 결국 그 인정은 부메랑 효과처럼 나에게 돌아와 더 좋은 인간관계를 하는 데 도움이 될 것이다.

01

인정(認定), 그 의미와 중요성

사람은 누구나 인정받기를 원한다.
'인정욕구'의 개념을 통해 인정(認定)의
의미와 중요성에 대해 알아보자.

인정의 말, 기성어(旣成言) vs 맞춤어(맞춤言)

- 어떤 색을 입어도 잘 어울리시고, 또 금방 원래의 모습으로 되돌아오시는 순수한 선배님을 존경합니다.
- 제일 화려하고 열정적인 모습과 함께 언제나 따듯한 모습으로 대해 주시는 아름다운 선배님께.
- 자기만의 색으로 주변을 물들이는 선배님의 앞날을 응원합니다.

TV 프로그램 『전지적 참견 시점』에서 배우 문소리의 매니저가 쓴 카드의 문구이다. 매니저는 평소 인연을 쌓아 온 세 명의 배우, 문소리, 김선영, 장윤주에게 꽃 선물과 함께 손수 적은 카드를 전했다. 카드를 읽은 배우들은 쑥스러워하면서도 기분 좋은 미소와 함께 감동하는 모습을 보였다. 그리 길지 않은 짤막한 글에서 세 사람이 그토록 감동을 한 이유는 무엇일까? 아마도 자신의 모습을 있는 그대로 봐 주었다는 것, 그리고 그것을 높게 평가해 주는 칭찬을 받았다는 느낌 때문이 아닐까. 이 세 사람은 배우이며 외모가 매우 빼어나다. 어쩌면 '예쁘다'라는 말은 많이 들었을 법도 하다. 물론 그 말도 들으면 기분이 안 좋을 리 없다. 그런데 일정한 기준 치수에 따라 미리 여러 벌을 지어 놓고 파는 옷인 기성복보다는 자신에게 꼭 맞는 맞춤복이 편하듯, 인정의 말 또한 누구나 들을 수 있는 일반적인 말보다는 나에게 꼭 맞춘 인정의 말을 들었을 때 더욱더 기분이 좋고 감동이지 않을까?

사람은 누구나 인정받기를 원한다

'나는 ○○로서 인정받고 싶다.'
'나는 ○○에서 인정받고 싶다.'
'나는 ○○에게 인정받고 싶다.'

위 세 가지 문장의 빈칸을 채워 보자. 각 문장에 정해진 답도 개수도 없다. 각 문장마다 한 개 또는 그 이상을 채울 수도 있다. 그런데 확실한 것은, 누구나 이 문장을 보고 각자 인정받고 싶은 것에 대해 생각을 해 보고 채워 나갔을 거라는 것이다.

그렇다. 사람은 누구나 인정받기를 원한다. 내가 맡고 있는 역할에 대해 인정받음으로써 나의 존재를 인정받기 원한다. 예를 들면 자식으로서, 조직 구성원으로서 말이다. 또한 내가 속한 집단, 그리고 나와 관계를 맺고 있는 사람들에게 인정받고 싶은 마음이 있다. 인간에게는 '인정욕구'가 있기 때문이다. 인정욕구란 인정을 받고자 하는 심리적 욕구를 뜻하는데, 악셀 호네트(Axel Honneth)가 쓴『인정투쟁』에서는 다음과 같이 말한다.

"한 주체는 다른 주체에게 인정받을 때에 자신의 정체성을 획득한다.
새롭게 획득된 정체성은 더 높은 인정에 대한 요구를 불러일으킨다."

이처럼 한 인간이 자신의 정체성을 갖도록 하는 데에 '인정'은 매우 중요한 요소이다.

인간의 인정욕구는 무엇이며, 왜 충족되어야 할까?

인간의 인정욕구에 대해 알기 위해서는, 인간의 기본 욕구를 이해하는 것이 필요하다. 인간의 욕구는 기본적으로 1차적 욕구와 2차적 욕구로 구분된다. 1차적 욕구는 생리적 욕구로서 수면욕, 성욕 등 생명유지와 종족의 보존이라는 생물학적 의미를 가지고 있다. 2차적 욕구는 심리적 욕구로서 인정, 지배, 관심 등 인간관계에 관한 행동의 원동력을 말한다[1].

또한, '욕구'에 대한 많은 사회·심리학자들의 이론들 가운데, 매슬로(A. H. Maslow)는 인간의 기본 욕구를 생리적 욕구·안전의 욕구·애정과 소속의 욕구(사회적 욕구)·존경의 욕구·자아실현의 욕구 이렇게 다섯 가지로 나누고, 이들 욕구는 충족 여부에 따라 아래위로 움직이는 계층을 이루고 있다고 가정한다[2].

[그림] 매슬로의 욕구 5단계 피라미드

다시 정리하면, 기본적으로 인간은 다른 사람들과 더불어 살아가는 존재로서의 사회적 욕구를 가지며, 그 안에서 자기의 존재를 인정받고자 하는 '인정'의 욕구를 갖고 있다.

이러한 인정욕구는 다시 세 가지로 분류되는데, 바로 자신의 능력을 인정받고 싶은 욕구, 자신의 처지를 인정받고 싶은 욕구, 자신의 욕망을 인정받고 싶은 욕구이다. 그중, 자신의 능력과 처지를 인정받고 싶어 하는 욕구를 중점적으로 다루고자 한다.

첫째, 자신의 능력을 인정받고 싶은 욕구는 타인 또는 자기 자신에게 본인의 어떠한 능력이 뛰어나다는 것을 인정받고 싶은 욕구이다. 예를 들어, 시험 성적이 올랐을 때, 다이어트로 체중 감량에 성공했을 때, 과업에서 우수한 결과가 나왔을 때 그 능력을 알아봐 주고 인정해 주기를 원하는 마음을 뜻한다. 능력을 인정받는다는 것은 자기가 생존할 이유가 충분하다는 것을 확신하는 일로서 자신이 가치 있는 존재라는 믿음을 갖게 한다. 나아가 자신감과 자부심을 갖게 함으로써 인생을 살아갈 맛을 느끼게 하고 삶의 목표를 만들도록 하는 데 영향을 미친다.

둘째, 자신의 처지를 인정받고 싶은 욕구는 자신의 현재 모습이 어쩔 수 없는 결과라는 것을 인정받고 이해받고 싶은 욕구이다. 예를 들어 성적이 좋지 않더라도 공부한 과정과 노력을 인정받고 싶은 것, 갑작스럽게 약속을 못 지키게 됐을 때 불가피한 사정을 이해받고 싶은 것, 타 직원과 능력을 비교당하기보다는 개인의 능력을 인정받고 싶은 것 등이 해당된다. 이와 같이 자신의 처지에 대해 타인에게 인정받는 것은 그 상황을 잘 극복할 수 있는 힘이 되어 준다. 그리고 능력을 인정받고 싶은 욕구와 마찬가지로 '너는 (생존할) 가치가 있다'는 믿음을 갖게 한다.

인간관계의 윤활유, 인정의 자세

'나는 누군가를 ○○로서 인정하고 싶다.'
'나는 누군가를 ○○에서 인정하고 싶다.'
'나는 누군가를 ○○에게 인정하고 싶다.'

위 세 가지 문장의 빈칸을 채워 보자. 채워 보았는가? 앞서 나온, '누군가에게 인정받고 싶다'라는 문장을 '누군가를 인정하고 싶다'라는 문장으로 바꾼 것이다. '인정받고 싶다'라는 표현보다는 다소 어색하게 느껴지고 채우기가 어려웠을 수 있다. 인간의 '인정욕구'를 보더라도 자신이 인정받고 싶은 마음을 갖기는 쉬우나, 상대방을 인정하고자 하는 마음을 갖는다는 것은 상대적으로 어려울 수 있기 때문이다. 그럼에도 불구하고, 저자는 상대방을 인정하는 자세를 갖출 것을 강력하게 권한다.

인지 심리학자 김경일 교수는 이런 말을 했다.

"비대면 시대에는 피드백이 더욱 중요하다. 짧은 대화를 잘하는 사람, 피드백을 잘게 썰어 주는 것을 잘하는 사람이 좋은 인간관계를 유지한다."

대화를 나눌 때 상대방의 말에 답변을 하는 것이 피드백이다. 그리고 그 피드백을 잘하는 사람이 좋은 인간관계를 유지한다는 뜻으로 해석할 수 있다. 우리는 대면과 비대면(이메일, 메신저 등)으로 가족, 친구, 동료, 고객 등 다양한 사람들과 소통을 한다. 그러한 소통 과정에서 상대방을 '인정'해 주는 대화법을 잘 활용한다면 좋은 인간관계를 유지하는 데 도움이 될 수 있을 것이다. 앞서 말한 대로 사람은 누구나 인정받고 싶은 마음이 있기에 그것을 충족시켜 준다면 상대방은 나에게 호감을 가질 수 있기 때문이다. 또한 업무의 성과 그리고 나아가 조직의 발전에도 긍정적인 영향을 끼칠 수 있을 것이다. 그렇다면 어떠한 인정의 자세를 갖추어야 할까? 지금부터 좋은 인간관계를 유지하기 위한 인정의 자세와 기술에 대해 알아보자.

02

인정(認定), 왜 필요한가?

누군가에게 인정받고 싶다고 생각한 적이 있는가?
'인정욕구'의 개념을 바탕으로 상대방을 인정해야 하는
이유에 대해 알아보자.

사람들은 만나면 무슨 이야기를 할까?

"나 이번에 청약 당첨됐어!"
"우리 딸 ○○대학교 합격했어~"
"나 이번 과장 승진에서 누락됐어…"
"우리 친정엄마가 최근에 수술을 받으셨어…"

사람들과의 대화에서 볼 수 있는 이야기들이다. 이외에도 우리는 사람들과 만나 다양한 주제로 대화를 나눈다. 친한 사이라면 일상을 공유하고 서로를 이해하면서 깊은 유대감을 느끼기도 한다. 물론 친분의 정도에 따라 대화의 깊이에 차이는 있다. 흥미로운 사실은, 사람은 하루 동안 많은 대화를 하지만 그 대화의 주제가 놀랍도록 일관적이라는 것이다. 한 연구에 따르면 사람들이 일상 속에서 나누는 대화 주제 대부분이 반복되는데, 가장 많이 반복되는 주제는 바로 자기 자신의 이야기이다[3]. 자신의 이야기라 함은 가족, 친구, 동료 등과 관련된 이야기를 말한다.

그렇다면 사람들은 많고 많은 대화 주제 중, 왜 자신의 이야기를 그토록 하는 것일까? 연구 결과에 따르면 자기 자신에 대해서 이야기를 하거나 자신의 아이디어에 대해 설명을 할 때 기분이 좋아진다고 한다. 이는 마치 마약을 하거나 맛있는 음식을 먹을 때 자극되는 뇌 영역이 활성화되는 것과 마찬가지라고 한다. 다시 말해, 사람은 자신의 이야기를 하는 것을 좋아한다.

비대면상에서는 어떤 소재로 소통하는가?

스마트폰이 우리 삶에 깊숙이 파고들면서 사람들과의 소통은 면대면에서 비대면, 즉 온라인 환경으로까지 확대되었다. 이에 따라 우리는 가족, 친구, 동료 등 지인들과 메신저를 통해 빠르게 대화를 주고받고, SNS(Social Network Service, 특정한 관심이나 활동을 공유하는 사람들 사이의 관계망을 구축해 주는 온라인 서비스)를 통해 서로의 안부를 묻고 인사를 전한다. 시장조사업체 DMC미디어의 『2021 소셜 미디어 시장 및 현황 분석』 보고서에 따르면 컨설팅업체 위아소셜 조사 결과 올해 1월 기준 우리나라의 소셜 미디어 이용률은 89.3%로, 아랍에미리트에 이은 2위를 차지했다. 10대, 20대, 30대가 가장 많이 이용하는 SNS는 인스타그램이었고, 40대, 50대는 밴드였다[4].

최근에는 SNS의 역할이 점점 확장되고 있다. 초반에는 개인의 일상을 공유하고 친구와 관계망을 형성하는 플랫폼의 역할이었다. 그런데 지금은 비즈니스를 위한 마케팅 채널로도 활용되고 있으며, 나아가 이커머스(electronic commerce, 전자상거래) 플랫폼으로 진화하고 있다. 그럼에도 불구하고, '관계망 구축 플랫폼'으로서의 본연의 역할에 충실하고 있다는 것은 부인할 수 없다. 실제로 10~50대 남녀 100명을 대상(연령별 20명, 남녀 10명씩)으로 '귀하께서 SNS를 사용하는 가장 큰 이유가 무엇인가요'라는 질문으로 설문조사를 진행한 결과, 다음과 같이 나타났다[5].

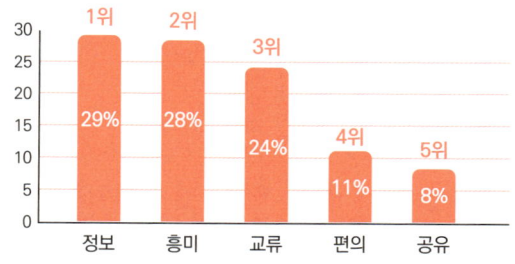

1위. 정보(SNS를 통해 많은 정보를 쉽게 얻을 수 있어서) 29%
2위. 흥미(일상보다 SNS를 통해 보내는 시간이 즐거워서) 28%
3위. 교류(직접 만나는 것보다 SNS를 통해 지인들과 교류하는 게 편해서) 24%
4위. 편의(SNS를 통해 쇼핑 등을 쉽게 할 수 있어서) 11%
5위. 공유(내 일상 등을 타인에게 자랑하고 싶어서) 8%

표면적으로 봤을 때 '관계 구축'에 해당하는 것은 3위로 뽑힌 '교류'만이라고 생각할 수 있다. 그런데 정보, 흥미, 공유 또한 '교류'에서 비롯되기 때문에 상관관계가 있다고 볼 수 있다.

그렇다면 우리는 SNS를 통해 어떤 일상을 공유하며 소통을 하고 있을까? 자신의 업무, 육아, 운동 등 하나의 소재로 내용을 공유하기도 하고, 자신의 전반적인 일상을 매일 공유하기도 한다. 결국, 자기 자신의 이야기인 것이다. 이는 대면에서의 대화 주제와 크게 다르지 않다는 것을 뜻한다. 앞서 나왔던 청약 당첨, 자녀의 대학 진학, 승진 누락, 가족의 수술 등의 이야기를 SNS에서 공유할 수도 있다는 말이다. 단지 대화의 채널만 바뀌었을 뿐이다. 물론 SNS상에서는 다수의 사람들과 관계를 맺고 있기 때문에 대화의 주제나 깊이에 있어 차이는 있을 수 있다.

우리는 소통하며 무엇을 원하는가, 인간의 속마음은?

사람들의 대화 내용을 잘 살펴보면 크게 두 가지로 나뉘는데, 바로 '좋은 일'과 '안 좋은 일'이다. 앞서 나왔던 사례를 다시 살펴보면, 청약 당첨과 자녀의 우수 대학 진학은 좋은 일에 해당한다. 반대로 회사에서의 승진 누락, 친정엄마의 수술은 안 좋은 일에 해당한다. 결과적으로 우리의 일상은 좋은 일과 안 좋은 일로 나뉘며, 그 외에는 그저 그런 평범함 일들인 것이다.

그렇다면 사람들이 이러한 자신의 이야기를 하는 속마음은 무엇일까?

기본적으로 좋은 일이든 안 좋은 일이든 그것을 타인에게 알리고 싶은 마음이다. 그리고 그 마음 깊은 곳에는 그것을 알아주길 원하는 마음이 있다. 다시 말해, 잘된 일에 대해서는 축하를 받고 싶고 잘한 것에 대해서는 칭찬을 받고 싶은 것이다. 반대로 어떤 속상한 일이 있을 땐 위로를 받고 싶은 것이다. 이러한 마음이 드는 이유는 바로, 앞서 언급했던 인간의 '인정욕구' 때문이다. 인간은 누구나 인정받기를 원한다. 자신의 능력을 인정받고 싶어 하며, 자신의 처지나 상황에 대해 인정받고 싶은 욕구가 있다. 사람들을 만나 자신의 이야기를 하고 SNS에 자신의 일상을 공유하며 결국 그 안에서 나 자신에 대해 인정받고 싶은 것이다.

인정욕구를 이해하기 위한 전제조건, '인간은 미숙아다'

인간의 인정욕구를 이해하기 위해서는 인문학계의 중요한 이론인 '인간은 본디 약하게 태어난 존재'라는 것을 알아야 한다. 정신분석학자 지그문트 프로이트(Sigmund Freud)와 자크 라캉(Jacques Lacan)은 인간의 욕망에 대한 이론을 정립하며 '인간은 미숙아다'라는 것을 기본 전제로 주장했다. 인간은 성장하는 데 있어 누군가의 보살핌이 필요한 존재이며, 아이는 부모의 보살핌이 필요하기 때문에 부모의 인정과 예쁨을 받으려고 노력한다는 것이다. 즉, 인정받고 싶은 욕구는 인간의 본성이라고 말한다.

이에 철학자 강신주 박사는 다음과 같이 말했다. 아이가 예쁨받고 인정받아 부모에게 보상을 받으면 부모에게 '인정받았다'는 안도감을 느낀다. 반면에 인정받지 못하면 불안감이 밀려온다. 그래서 매사 부모의 눈치를 보며 인정받기 위해 노력한다는 것이다. 그런데 이러한 모습은 어른이 되어서도 나타난다. 결국, 인정욕구를 충족시키기 위한 노력의 연속이라는 것이다.

그렇다면 우리는 인정욕구를 어떻게 받아들여야 할까? 먼저, 인정받고 싶은 욕구는 인간의 본성이라는 것을 이해해야 한다. 사람들과의 관계 속에서 언제 어디서나, 그리고 누군가에게 인정욕구를 충족시키기 위해 끊임없이 노력하는 존재라는 것을 말이다.

왜 우리는 상대방을 인정해 줘야 하는가?

'인정받고 싶은 것'은 '사랑받고 싶은 것'이라고 강신주 박사는 말한다. 그러면서, 우리는 누군가에게 잘해 줘야 사랑을 받을 수 있다고 생각하며, 고로 사랑받기 위해 잘해 주는 것이라고 한다. 정리하면, 사람은 누구나 인정받고 싶은 욕구, 즉 사랑받고 싶은 욕구가 있다. 그렇다면 나도 인정과 사랑을 받고 싶은데, 왜 타인을 인정해 주라고 저자는 권하는가?

"사랑하는 건 내가 선택할 수 있지만, 사랑받는 건 내가 통제할 수 없어요. 상대방 마음이죠. 동료, 친구, 그 사람이 누구든 나를 인정해 주는 것 또한 타인의 자유입니다. 내가 통제할 수 없어요. 성숙한 사람만이 사랑하는 것이 가능해요. 누구를 만나서 그 사람의 좋은 점이 있으면 사랑하고 인정해 주세요. 놀라운 건, 그렇게 하면 그 사람이 나를 사랑하게 됩니다. 어떤 대가 없이 사랑하고 인정해 주세요. - 2018년도 방송된 [어쩌다 어른], 강신주 철학자편 중에서 그렇다. 누군가 나를 인정해 주는 것은 내가 통제할 수 없다. 하지만 내가 타인을 인정하는 것은 선택할 수 있기에 당신에게 '상대방을 인정해 줄 것'을 권하는 것이다. 왜냐하면, 내가 먼저 누군가를 사랑하고 인정하면 상대방도 나를 사랑하고 인정하기 때문이다. 더 중요한 이유는 아무 대가 없이 상대방을 인정하는 순간, 나 자신이 자유로운 상태에 도달한다고 한다. 애초에 나약한 존재인 인간이 할 수 있는 유일한 것은, 사랑하고 인정하는 것뿐이라고 강신주 박사는 말한다.

이제 우리, 내가 통제할 수 없는 인정받는 것에 연연하기보다 내가 먼저 상대방을 인정해 보면 어떨까?

03

인정(認定), 어떻게 해야 하는가?

상대방의 능력을 인정하는 방법 'WOW! 이.감.정' 기법과
상대방의 처지를 인정하는 방법 '기.사.도' 기법에 대해 알아보자.

인정의 말, 듣고 싶은 말을 하라

소개팅에서 상대방의 마음을 얻기 위한 비결은 무엇일까?
고객에게 상품을 잘 판매하기 위한 비결은 무엇일까?
친구와의 대화에서 인기를 얻기 위한 비결은 무엇일까?

위 세 가지의 공통된 비결은 바로, 내가 '하고 싶은 말'이 아닌, 상대방이 '듣고 싶은 말'을 하는 것이다. 과연 이게 무슨 의미일까?

많은 커뮤니케이션 전문가들은 대화를 할 때 말을 많이 하기보다는 잘 들을 것을 권한다. 이유인 즉, 사람은 누구나 자신의 이야기를 하는 것을 좋아하기 때문에 자신의 이야기를 잘 들어 주는 사람에게 호감을 느낀다

는 것이다. 그런데 비단 이것 때문만은 아니다. 상대방의 말을 잘 들어 주다 보면 그 사람이 무엇을 원하는지를 알 수 있다. 예를 들면, 소개팅에서는 상대방의 취미 등의 관심사를 파악할 수 있다. 세일즈에서는 고객이 생각하는 중요 구매 포인트 등의 니즈를 알 수 있다. 친구가 힘든 일을 하소연할 때는 어떤 위로를 받고 싶은 것인지 속마음을 알 수 있다. 이렇게 상대방의 관심사나 원하는 바를 파악하여 말해 줄 때 비로소 상대방의 마음을 얻을 수 있다. 실제로 설득의 기술을 알려 주는 『누가 저 대신 프레젠테이션 좀 해주세요』라는 책에서는 상대방을 설득하기 위해 제일 먼저 갖추어야 하는 것으로, '하고 싶은 말이 아닌, 듣고 싶은 말을 하라'고 말한다[6].

소개팅, 세일즈, 친구와의 대화 등 결국 모든 인간관계는 상대방의 마음을 얻는 일이라고 할 수 있다. 결국 마음을 얻기 위해서는 상대방의 이야기를 잘 듣고, 마음을 잘 들여다보고 알아주어야 하는데, 이는 곧 '상대방이 원하는 말을 하는 것'이며 '인정'의 기본이 된다. 앞서 나온 세 명의 배우에게 쓴 매니저의 카드 문구를 기억하는가? 매니저는 각 배우들이 갖고 있는 그대로의 모습을 인정해주는 글을 썼고, 세 배우는 크게 감동했다. 정리해 보면, 인정의 말을 할 때는 상대방이 듣고 싶은 말이 무엇인지 고민하고 알아차리는 노력이 필요하다. 그리고 누구에게나 하는 일반적인 말이 아닌, 상대방에 꼭 맞는 맞춤의 말을 했을 때 매우 효과적이다. 그렇다면 그 인정의 방법은 무엇인지 능력과 처지를 인정하는 기술 두 가지로 나누어 알아보자.

능력_인정의 기술, 'WOW! 이.감.정' 기법

자신의 능력을 인정받고 싶은 욕구는 타인 또는 자기 자신에게 본인의 어떠한 능력이 뛰어나다는 것을 인정받고 싶은 욕구라고 했다. 여기서 '능력'이라 함은 스스로 노력하여 어떠한 것을 성취해 낸 것을 말한다. 이와 함께, 자신이 성취한 것은 아니지만 자신과 관련된 일로 축하받을 만한 일이나 타인에게 도움을 베풀어 감사인사를 받을 만한 일의 경우도 함께 다루고자 한다. 대면과 비대면 소통에서 다음과 같은 상황이라면 당신은 어떤 답변을 할 것인가?

상대방의 능력을 인정하는 기술이 약한 하수의 답변 유형은 어떤 것이 있을까? 다음의 유형들을 보면서 혹시 자신이 해당되는 내용이 있는지 생각해 보자.

① '무한절제'형

상대방이 말하는 내용에 대해 구체적인 공감 표현 없이 "잘됐네", "축하해"와 같은 단답형으로 대답하는 유형이다. 상대방으로 하여금 뭔가 마음껏 인정받지 못한 아쉬운 마음이 들게 한다.

A: 나 이번에 승진했어.
B: 축하해.

② '센스제로'형

상대방이 말하는 내용 중 중요한 포인트를 놓치고 그와 관련된 다른 이야기를 하는 유형이다. 이 유형은 말하는 사람을 김새게 한다.

A: 우리 딸 (명문) ○○대학교 합격했어~
B: 딸이 벌써 대학 갈 나이가 됐구나!

③ '딴소리'형

상대방이 말하는 내용에 관한 대답이 아닌 본인이 하고 싶은 말을 의식의 흐름대로 하는 유형이다. 상대방이 인정받고 싶은 부분을 전혀 알아주지 못해 아쉬운 마음에 더해 서운한 마음까지 들게 한다.

A: (메신저) 이번 달 비품 갑티슈와 물티슈 주문해서 수납장에 넣어 두었습니다.
B: 이번주 회식 장소는 어디라고 했죠?

이처럼 능력 인정의 하수는 상대방의 능력을 제대로 알아주지 않는다. 즉, 상대방이 듣고 싶은 이야기와는 거리가 먼 딴소리를 하거나 센스 없고 절제된 표현을 하여 상대방의 마음을 온전히 알아주지 못하는 것이다. 저자가 지향하는 고수의 유형은 상대방의 마음을 더 알아주고 그에 맞는 인정의 말을 건네는 것이다. 그럼 능력에 대한 인정의 고수는 어떻게 답변을 할까? 앞서 비대면 시대에는 짧은 대화를 잘하고 피드백을 잘게 썰어 주는 것을 잘하는 사람이 좋은 인간관계를 유지한다고 했던 것을 기억하는가? 인정의 기술도 마찬가지다. 상대방의 능력을 인정하는 말 또한 잘게 쪼개어 표현해야 한다. 그 방법으로 'WOW! 이.감.정' 기법을 소개한다.

[능력_인정의 기술, 'WOW! 이.감.정' 기법]

WOW: '와우'와 같은 감탄사로 상대방의 상황에 대해 반응한다. 감탄사로 놀람, 기쁨 등의 표현을 더해 주면 인정의 말이 더욱 효과적이고 빛이 난다. 인정의 말에 유용한 감탄사는 '와우', '대박', '정말' 세 가지가 있다.

A: 나 이번에 승진했어!
B: 와우~ 대박!

이: 이유를 구체적으로 언급한다. 상대방의 어떤 상황을 축하하는지, 어떤 노력을 칭찬하는지, 어떤 배려에 감사하는지 말이다.

B: 승진 대상자가 많아서 쉽지 않았을 텐데, 올해 특히 열심히 하더니 해냈구나!

감: 감정을 헤아려 말해 준다. 상대방의 상황이라면 어떤 감정일지 느껴 보고 공감해 주는 것이다.

B: 기분 정말 좋겠다~!

정: 인정의 말로 표현한다. 상대방의 상황, 노력, 배려 등에 대해 축하, 칭찬, 감사의 말로 표현한다.

B: 대단하다 정말! 축하해^^

또 다른 사례를 들어 'WOW! 이.감.정' 기법을 적용해 보자.

"우리 딸 (명문) ○○대학교 합격했어~"

WOW: 정말~?
이: ○○대학교는 우리나라 명문대 중 하나인데 그곳에 들어가다니~
감: 너무 뿌듯하겠다~!
정: 진심으로 축하해~^^

"(메신저) 이번 달 비품 갑티슈와 물티슈 주문해서 수납장에 넣어 두었습니다."

WOW: 어머나~!
이: ○○대리도 바쁠 텐데 이번 달에도 주문하고 챙겨주느라
감: 고생했어요!
정: 정말 고마워요~^^

다음은 SNS의 경우를 살펴보자. SNS의 경우는 조금 더 고민하고 고려해야 할 사항들이 있다. 한 개의 글에 여러 가지 내용이 담겨 있을 수 있고, 그에 따라 상대방의 감정도 여러 가지가 될 수 있기 때문이다. 따라서 글쓴이가 그 말을 하며 듣고 싶은 말은 무엇인지 조금 더 마음을 써서 들여다볼 필요가 있다.

다음 사례는 저자가 지인의 SNS글에 댓글을 달았던 내용이다.

본문글 "쑥스럽지만 자랑하고 싶어서 올려 본다."

(교육강사가 한 기업에서 교육을 한 뒤, 고객사로부터 받은 극찬의 피드백 문자 사진)

댓글 1: 역시 전문가, 멋지십니다^^
글쓴이 댓글: 감사해요^^

댓글 2: 오! 멋있다!!
글쓴이 댓글: 흐흐, 고마워^^

저자 댓글: 와...대박! 강사님의 강의 내용도 훌륭할 텐데, 다양한 상황에 대한 방향 제시 및 해결책까지 제공해 주셔서 좋은 피드백이 나온 것 같습니다. 정말 뿌듯하실 거 같아요~ 진정 전문가시네요, 멋지십니다^^
글쓴이 댓글: 역시~! 어쩜 이렇게 말을 예쁘게 할까~ 고마워^^

저자 댓글과 다른 사람의 댓글에 글쓴이가 단 댓글을 비교해 보면 글쓴이의 반응이 다르다는 것을 알 수 있다. 물론, '멋지다'와 같은 짧은 말 한마디의 인정의 말에도 고마운 마음이 들 것이다. 그런데 단순한 인정의 말보다 나의 노력과 감정을 알아봐 주고 구체적으로 표현해 주는 인정의 말을 들었을 때 진정으로 인정받는 느낌이 들며 기분이 좋지 않을까? 타인의 능력, 즉 좋은 일과 잘된 일에 대해 내가 'WOW~!'라고 느끼는 이 감정을 인정의 기술 'WOW! 이.감.정' 기법을 활용하여 더 잘 표현해 보면 어떨까? 그럼 상대방은 당신에게 "WOW~!" 하며 감탄할 것이다.

처지_인정의 기술, '기.사.도' 기법

자신의 처지를 인정받고 싶은 욕구는 자신의 현재 모습이 어쩔 수 없는 결과라는 것을 인정받고 이해받고 싶은 욕구라고 했다. 처지에 대해 크게 세 가지로 나눠서 이야기를 하고자 한다. 바로 상황, 성향/취향, 능력 세 가지이다. 대면과 비대면 소통에서 다음과 같은 말을 듣는다면 당신은 어떻게 답변을 할 것인가?

[상황]

"미정아 미안해, 오늘 약속 취소해야 할 거 같아. 아이가 갑자기 열이 나서 말이야…"

"카페에서 커피를 마시다가 업무를 하던 노트북에 쏟고 말았다… 속상하다."

[성향/취향]

"나도 너처럼 성격이 활발했으면 좋겠다~"

"(팀 회식 메뉴 정할 때) 저는 족발은 못 먹어서요… 아, 회도 못 먹어요, 죄송해요…(다른 메뉴로…)"

[능력]

"선배님 죄송하지만, 지난번에 알려 주신 보고서 작성 방법 다시 한번 알려 주실 수 있을까요? 제가 이해력이 좀 떨어져서요…"

"자기야, 나 이번에 승진 누락됐어…"

위와 같이 뭔가 안 좋은 상황이 발생하거나 미안한 상황이 되었을 때 사람들은 어떤 마음일까? 기본적으로 자신의 처지, 즉 상황, 성향/취향, 능력에 대해 이해받고 존중받고 싶은 마음이 들 것이다. 그리고 나아가 힘들고 어려운 상황에 대해 위로와 공감을 받고 싶을 것이다. 그게 바로 처지에 대해 인정받고 싶은 사람의 기본 욕구이다. 그렇다면 상대방의 처지를 인정하기 위해서는 무엇이 필요할까? 우선 모든 인간은 불완전한 존재라는 것을 인식해야 한다. 나를 비롯한 다른 사람 모두 서로 부족한 부분이 있을 수 있으며 또한 서로 다를 수 있다는 것이다. 이러한 마음을 가질 때 비로소 우리는 상대방의 처지 또한 이해하고 존중하며 공감할 수 있다.

모든 인간은 개인으로서 존중받아야 하며 그 누구도 우상으로 숭배해선 안 된다. - 알버트 아인슈타인

아인슈타인의 말처럼 그 누구도 뛰어나거나 뒤떨어지는 것이 아니다. 다만, 다를 뿐이다. 다시 말해 상대방을 그 자체로 인정해야 한다. 그리고 상대방이 겪는 처지에 대해 인정받고 싶은 욕구를 충족시켜 줘야 한다. 그렇다면 처지에 대한 인정의 고수는 어떻게 답변을 할까? 다음 '기.사.도' 기법을 알아보자.

[처지_인정의 기술, '기.사.도' 기법]

기: 기분을 이해하는 표현을 한다. 상대방의 상황이라면 어떤 감정일지 느껴 보고 공감해 주는 것이다.

A: 미정아 미안해. 오늘 약속 취소해야 할 거 같아. 아이가 갑자기 열이 나서 말이야…
B: 아이쿠, 아이가 열이 나서 걱정 많이 되겠다.

사: 사실을 반복해서 짚어 준다. 그리고 그 상황을 이해하는 표현을 한다. 같은 경험을 사례로 들어 주는 것도 효과적이다.

B: 아이가 아픈데 챙기는 것이 우선이지!

도: 도움이 될 만한 위로의 말을 해 주거나 해결책 등의 방법을 제시한다.

B: 난 괜찮으니까 신경 쓰지 말고, 내가 도울 일 있으면 얘기해. 걱정되니까 아이 괜찮아지면 연락 줘.

또 다른 사례를 들어 '기.사.도' 기법을 적용해 보자.

[상황]

"카페에서 커피를 마시다가 업무를 하던 노트북에 쏟고 말았다…속상하다."

기: 어머나, 많이 속상하겠다…

사: 나도 똑같은 경험한 적 있는데 많이 놀랐었어.
도: 그럴 때 전원은 절대 켜면 안 된다고 하더라고.
　　서비스센터 가서 수리 잘 받길 바랄게.

[성향/취향]
"나는 너처럼 활발한 성격이 부러워~"

기: 정말? 그렇게 생각했었구나~
사: 내 성격이 부럽다고 말해주니까 고맙네~
도: 나는 오히려 너의 차분하고 우아한 성격이 부러워^^

"(팀 회식 메뉴 정할 때) 저는 족발은 못 먹어서요... 아, 회도 못 먹어요, 죄송해요...(다른 메뉴로...)"

기: 죄송하기는요, 별 말씀을요.
사: 저도 못 먹는 음식 있는걸요~
도: 메뉴는 많으니까 다른 거 고르면 되죠~

[능력]
"선배님 죄송하지만, 지난번에 알려 주신 보고서 작성 방법 다시 한번 알려 주실 수 있을까요? 제가 이해력이 좀 떨어져서요..."

기: 죄송하기는, 그래도 이렇게 열심히 하려는 모습이 보기 좋다.
사: 나도 신입 때는 선배님들께 많이 질문했어~
도: 난 괜찮으니 언제든지 궁금하면 또 물어봐~

"자기야, 나 이번에 승진 누락됐어…"

기: 아이쿠, 이번에 열심히 했는데 승진 안 돼서 많이 속상하겠다.
사: 자기가 열심히 해 온 거 누구보다 내가 잘 아니까 마음 풀어~
도: 분명 내년에는 좋은 일이 있을 거야, 나도 옆에서 많이 도울게.

위와 같이 처지에 대한 인정의 말을 할 때에는 상대방의 상황과 마음을 이해·존중·공감해 주는 것이 중요하다. 힘든 상황을 겪었을 때 듣는 모든 위로의 말이 고맙겠지만, 단순히 '힘내', '속상하겠다'라는 말보다는 상대방의 상황과 마음을 자세하게 알아주고 도움이 되는 위로의 말과 응원의 말을 해 줄 때 진정 그 마음이 전해질 수 있다. 타인의 안 좋은 일, 힘든 처지에 대해 상대방의 마음을 위로해 주겠다는 기사도 정신으로 인정의 기술 '기.사.도' 기법을 활용하여 진정한 인정의 말을 전해 보자.

04

건강한 인정(認定)의 자세

ㄴ 스스로를 먼저 인정하고,
내가 먼저 상대방을 인정하는 건강한 인정하기를 실천하자.

나를 먼저 인정해야 상대방을 인정할 수 있다

"오늘따라 피부가 더 좋아 보여요~"
"오늘따라 피부가 좀 푸석푸석해 보여요."

첫 번째 말을 들은 날은 괜히 기분이 좋고 하루가 행복하다. 반대로, 두 번째 말을 들은 날은 '나이는 못 속인다'며 나도 모르게 신경이 쓰이기도 한다. 이렇듯 우리는 나를 평가하듯 던지는 말 한마디에 기분이 달라진다. 그것은 나의 하루 일과에 영향을 미치기도 한다. 그래서 우리는 이왕이면 첫 번째 말처럼 긍정적인 인정의 말을 듣고 싶을 것이다.

타인에게 인정받고 싶은 것은 쉽게 드러나는 외모나 행동일 수도 있고,

나의 생각이나 가치관 등 내면적인 것일 수도 있다. 앞서 나온 개념으로 나눠 본다면, 나의 상황이나 처지일 수도 있고 나의 능력적인 부분일 수도 있다. 그렇다면, 인정받기 위해서는 무엇이 필요할까? 인지심리학자 김경일 교수는 다음과 같이 말한다.

"내가 나를 인정해야 남도 나를 인정한다.
자기 자신을 인정하지 못하면, 끊임없이 무엇인가에 집착하게 된다."

그러면서, 다음과 같은 기준점을 제시한다.

"사람은 자신이 괜찮아 보일 때도 있고, 그렇지 않을 때도 있다. 그 평균지점이 있다. 사람들은 그 평균지점이 높은 사람을 인정한다."

다시 말해, 사람들은 '자기 자신을 인정하는 사람'을 인정한다는 것이다. 왜냐하면 자신에게 긍정적인 평가를 내리는 사람은 낙관적이고 밝은 기운을 줄 수 있기 때문이다. 외모든 능력이든 자신을 바라보는 기준, 그 평균지점이 너무 높아 나르시시즘에 빠지거나 반대로 그 평균지점이 너무 낮아 자존감이 낮은 경우는 바람직하지 않다고 한다. 자기애가 너무 넘치는 것은 거부감을 줄 수 있으며, 자신을 계속 부정적으로 말하는 것 또한 상대방을 지치게 할 수 있기 때문이다. 그렇다면, 자기 자신을 인정하기 위해서는 무엇이 필요할까?

자기 자신 인정하기, 자기감탄

앞서 인간의 본성으로 인정욕구를 말한 것을 기억하는가? 인간은 인정을 받기 위해 투쟁한다고 했다. 그런데 인지심리학자 김경일 교수는 한 유튜브 채널을 통해 전 세계에서 인정투쟁이 가장 강한 나라로 한국을 꼽는다고 말한다[7]. 그 이유로, 한국의 '우리'라는 강한 공동체 문화를 들었다. 예를 들어, 시청률이 많이 나오는 TV 프로그램이나 콘텐츠를 따라서 보고, 유행하는 상품을 구매함으로써 뒤처지지 않으려고 하는 것 또한 인정투쟁이라는 것이다.

그렇다면, 인정투쟁이란 과연 무엇일까?

"'인정투쟁'이란, 바로 '남의 감탄'이다.
인정받는 다는 것은 결국 남의 감탄을 듣는 것과 같다."

- 문화심리학자 김정은 박사

인정받는다는 것은 결국, '우와!', '멋져요!', '대단해요!', '최고예요!'라는 말을 듣고 싶은 것이라고 김정운 박사는 말한다. 다시 말해, 인정받고 싶다는 건 다른 사람의 감탄이 듣고 싶은 것이다. 그런데 우리는 언제까지 남의 감탄에 목말라 할 것인가? 인정욕구가 인간의 본성인 것은 맞지만 그것에 과도하게 집착할 필요는 없다. 타인에게 인정받기 위해 너무 애쓸 필요는 없다는 뜻이다. 왜냐하면 상대방에게 인정받기 위해 나 자신을 타인에게 맞추려고 발버둥 치는 것은 꽤나 피곤한 일이기 때문이다.

친구, 연인, 가족, 상사에게 감탄을 듣는 것도 좋지만 더 중요한 것은 '내가 나에게 감탄하는 것'이다. 내가 나 자신에게 감탄할 수 없으면 타인도 나에게 감탄할 수 없다고 한다.

"인정투쟁이란 결국, 남의 감탄에 목말라 하는 것이다.
그런데 그 감탄을 내가 하는 감탄으로 바꿔야 한다."
- 문화심리학자 김정운 박사

그렇다면, 나 자신을 감탄할 수 있는 가장 좋은 방법은 무엇일까? 그 방법은 본업과 무관한 문화적 경험을 하는 것이라고 김경일 교수는 말한다. 예를 들면, 새로운 악기를 배우거나 그림, 춤 등을 배우는 것이다. 이렇게 여러 가지 체험을 할 때 그 안에서 나 스스로에게 감탄할 것이 생긴다고 한다. 실제로, 자존감이 적절히 높은 사람의 특징 중 하나가 바로 자기만의 문화적 활동이 있다는 것이다. 여기서 말하는 문화적 활동에는 공연과 전시회 관람, 자신이 직접 하는 악기 연주, 그림 그리기, 글쓰기 등이 해당된다.

정리해 보면, 인간은 문화적 체험을 통해 스스로에게 감탄할 수 있으며, 그때 비로소 나 자신을 인정할 수 있다. 나아가 자기 자신을 인정할 줄 아는 사람은 동료나 상사 등 타인에게도 자존감이 높은 사람으로 비쳐질 수 있다. 내가 선택할 수 없는 타인의 감탄, 인정을 갈구하기보다는 자기 스스로에게 감탄할 것을 찾고 자신을 먼저 인정해 보는 건 어떨까? 그것이 곧 '건강한 인정(認定)'의 시작이다.

인정의 말, 거짓말 vs 적까말(적극적으로 까놓고 말하다)

건강한 인정의 자세는, 나 스스로를 인정할 줄 알고, 나아가 타인을 인정하는 것이라고 했다. 그리고 인정의 말을 어떻게 해야 하는지 그 방법까지 알아보았다. 그렇다면 당신은 사람들과의 관계 속에서 소통을 할 때, 이 인정의 기술을 활용할 생각이 있는가? 만약, 활용할 것이라면 한 가지 당부하고 싶다. 인정의 말의 중요성과 그 필요성을 느껴 사용하는 것은 매우 긍정적이지만 그것이 거짓이라면 굳이 애써 할 필요가 없다. 앞서 나온 사례를 다시 들어 보겠다.

"우리 딸 ○○대학교 합격했어~" [능력 인정_사례]

이 상황에서는 간단하게 '축하해'란 말로 끝낼 수도 있고, 저자가 제시한 [WOW! 이.감.정] 기법을 활용하여 말할 수도 있다. 그런데 만약 축하하는 마음이 들지 않는다면 애써 이 기법을 활용하면서까지 애쓸 필요가 없다. 결국 그것은 거짓말일 테니까. 하지만 축하하는 마음이 들었다면 이왕 축하해 주는 거 나도 상대방도 기분 좋게 축하를 해 보면 어떨까? 다시 말해 없는 마음을 거짓으로 말하는 것이 아니라, 나의 진심을 인정의 기법을 활용하여 더욱더 구체적으로 '적까말(적극적으로 까놓고 말하다)'을 하는 것이다. 나와 상대방의 능력이나 처지를 인정하는 것의 기본은 바로 진정성이다. 거짓된 인정은 나에게도 상대방에게도 그리고 서로의 관계에서도 결코 도움이 되지 않는다.

인정하면 인정받는다, 부메랑 효과

"인생은 진정한 부메랑과 같다. 당신이 준 만큼 되돌아온다."
- 데일 카네기

앞서 나온 매니저의 카드 문구가 기억나는가? 방송에서 카드를 읽은 배우들이 기분 좋은 미소와 함께 감동하는 모습을 볼 수 있다. 그 뒤에 중요한 장면이 나온다. 상대방을 각각의 존재로 인정해 주는 매니저의 글에 스튜디오에 있는 다른 사람들까지도 감동했고, 결국 매니저는 많은 사람들로 하여금 감탄과 인정을 받는다.

'인정하면 인정받는다' 여기에는 두 가지 의미가 있다. 첫째, 내가 상대방을 인정하는 모습에서 상대방으로 하여금 감탄과 인정을 받게 되는 것이다. 위 매니저 사례와 앞서 나온 인정의 기법 댓글 사례가 그것을 증명할 수 있다. 둘째, 내가 상대방을 인정하는 것이 쌓이게 되면 결국 그들도 나에게 인정의 마음과 말을 건네줄 것이다. 실제로, 로버트 치알디니의 『설득의 심리학』에서는 이러한 것을 '상호성의 원칙'이라고 말한다. '상호성'이란, 상대방으로부터 무언가를 받았을 때는 갚아야 하는 책임감을 느끼는 것이다. 즉, 내가 먼저 상대방을 인정하면 상대는 그 인정받은 것을 돌려주려고 할 것이다.

저자는 인정의 자세를 갖추고 상대방에게 인정의 기술을 활용함으로써 인간관계에 많은 도움이 되었다고 자부한다. 사람은 누구나 인정받기를 원한다. 그런데 누군가 나를 인정해 줌으로써 자존감을 높여 준다면 그 사람에게 호감을 갖는 것이 당연하지 않을까? 상대방의 좋은 점을 사랑하고 인정해 주면 그 사람이 나를 사랑하게 된다는 강신주 박사의 이야기처럼 말이다.

당신의 주위를 한번 살펴보자. 우리는 어떤 사람을 인정하고 있는가? 어떤 사람이 인정받고 있는가? 나 스스로를 인정하기, 내가 인정받기를 바라기 이전에 상대방을 먼저 인정하기, 이 두 가지를 기억하고 '건강한 인정하기'를 실천하여 좋은 인간관계에 도움이 되길 바란다.

챕터 05

건설적 피드백에 관하여

박미란 | 리플교육연구소 대표

긍정적인 피드백은 비교적 표현하기 쉬운 반면, 부정적인 피드백은 망설여지게 된다. 상호 간의 더 나은 행동과 성장을 도모하는 목적을 가지고 있지만 왜 우리는 자꾸만 부정적인 피드백을 망설이게 되는가? 기존에 형성된 '부정적'인 피드백의 굴레에서 벗어나 이제는 미래의 더 나은 방향을 위해 건네는 '건설적' 피드백을 전해 보자. 선한 의도를 바탕으로 공들인 건설적 피드백은 더 끈끈한 관계와 더 멋진 성장을 만들어 줄 것이다.

01

성장의 도구, 피드백

더 나은 행동과 성장을 위해 나눈 피드백은 때로 감정적 불편함을 야기한다.
그렇다면, 부정적 피드백은 나쁜 것인가?

피드백이란 무엇인가?

"보고서 보고 피드백 좀 부탁해요."
"이거 내가 만들었어! 먹어보고 피드백 좀 해 줘!"
"고객의 피드백은 어떤지 궁금하네요."

우리는 일상에서 많은 피드백을 주고받는다. 이렇게 피드백을 주고받는 이유와 목적은 더 나은 행동과 성과를 도출하기 위해서이다. 피드백(Feedback)에 대한 정의를 살펴보면 개인의 성과나 행동에 대한 정보를 제공해 주는 것을 말하며 자신의 행동이 바람직하거나 정확한지를 판단할 수 있도록 하는 정보를 의미한다[1].

피드백은 크게 긍정적 피드백(positive feedback)과 부정적 피드백(negative feedback)으로 구분한다. 긍정적 피드백은 자신의 업무를 잘 수행하고 있다는 것을 확인해 주는 것이며, 부정적 피드백은 업무수행에 대한 잘못이나 개선해야 할 사항을 지적해 주는 것이다. 부정적 피드백은 현실과 이상의 차이를 분명히 알게 해 준다는 점에 있어서 긍정적인 피드백과는 다른 장점이 있다.

그러나 더 나은 행동과 성과를 위한 피드백을 주고받는 과정에서 우리는 미묘하게 감정이 상하기도, 오히려 성과를 저해하기도 한다. 그 이유는 무엇일까?

부정적 피드백은 나쁜 것인가?

오래도록 대중들에게 사랑을 받는 예능 포맷이 바로 서바이벌 오디션이다. 자신의 목표를 향해 나아가는 도전자들의 열정과 집념, 또 무대를 사로잡는 재능을 볼 때면 감탄을 금치 못한다.

이런 서바이벌 오디션의 또 다른 묘미는, 심사위원들의 예리한 촌철살인 피드백을 보는 것이다. 그 예리하고 날카로운 피드백을 듣고 있노라면 마치 내가 도전자가 된 것처럼 압박감이 느껴지기도 한다. 결국 이런 압박감을 이기지 못한 몇몇 도전자는 눈물을 흘리며 마음 아파하는 장면들이 종종 연출되기도 한다.

몇 해 전 '가희'라는 가수가 아이돌 연습생이 준비한 안무과제를 점검하는 중 '팩트 폭력', 즉 솔직하게 느낀 사실 그대로 말했던 피드백이 화제가 되었다. 주어진 시간 내에 과제를 수행하지 못한 연습생이 변명으로 일관하자 "내일은 할 수 있겠어? 3일 후에는? 그런 마음으로 일주일이 돼도, 한 달이 돼도, 1년을 주면 할 수 있겠니? 그런 마음가짐으로 뭘 어떻게 하자는 거야?"라며 그 연습생에게 주어진 환경이 아닌 마음가짐이 잘못됐다는 피드백을 강하게 했다. 결국 그는 눈물을 흘렸다.

부정적 피드백 vs 비난

많은 시청자들은 눈물을 보이며 속상해하는 연습생의 모습을 보며 안쓰러워하면서도 그녀의 피드백에 공감할 수밖에 없었다. 그 피드백이 다소 냉철하게 느껴졌을지라도 연습생 본인이 직면하지 못한 문제점을 깨우칠 수 있도록 도와줬기 때문이다. 역시나 연습생 또한 불편한 감정에서만 머무르지 않고 그녀에게 들었던 그 피드백을 발판 삼아 마음가짐을 달리하였다. 며칠 후 이전보다 더 뛰어난 성과를 보여 주게 된다. 하지만 혹자는 상대방에게 눈물 날 정도로 강한 피드백을 하는 것은 비난이라 생각하기도 한다.

이처럼 '부정적 피드백'과 '비난'을 헷갈리는 경우가 많다. 왜 그럴까? 그 원인을 크게 3가지로 설명할 수 있다.

'부정적 피드백'과 '비난'은

첫째, 상대방의 의견과 행동에 대해 동의하지 않는 부분을 지적하기 때문이다.
둘째, 상대방이 전달받았을 때 불편한 감정이 야기될 수 있다는 공통점이 있기 때문이다.
셋째, 일상에서 명확히 구분해 사용하지 않기 때문이다.

그렇다면 부정적 피드백과 비난은 어떻게 다를까? 바로 방법과 목적에 차이를 가지고 있다.

(1) [방법] 판단으로 대화하는가? 사실로 대화하는가?

예를 들어 아이가 지각을 자주 한다고 가정해 보자. 판단으로 비난하는 엄마는 아이에게 이렇게 말할 수 있다.

엄마: 너 이렇게 게을러서 어떡할래.

하지만 사실을 근거하여 부정적 피드백을 진행하는 엄마는 이렇게 대화를 시작한다.

엄마: 이번 주에 벌써 2번 지각했더구나.

이미 '게으른 사람'으로 판단해 답을 내린 상태에서 대화를 시작하는 것은 이미 피드백의 목적을 상실했다고 할 수 있다.

(2) [목적] 처벌이 목적인가? 성장이 목적인가?

중요한 보고서나 리플릿에 오타가 발생해 종종 문제를 야기하는 직원이 있다고 가정하자. 조직 내 이런 직원에게 피드백이 필요하다는 것은 대부분 동의할 것이다. 하지만 부정적 피드백의 탈을 쓰고 비난으로 처벌하는 경우를 볼 수 있다. 처벌하는 리더는 이렇게 대화를 시작한다.

> **팀장**: 도대체 이게 몇 번째야? 왜 이렇게 신입사원도 안 하는 실수를 반복하지? 이 리플릿은 오타가 왜 이렇게 많은 거야?

하지만 미래의 성장을 도모하는 리더는 이렇게 대화한다.

> **팀장**: 지난달도 그렇고 이번 달도 그렇고 연속적으로 오타가 났더라고. 혹시 그 이유가 있을까? 혹시 내가 팀장으로서 도와줬으면 하는 게 있을까?

과거의 결과에 대한 집착보다는 앞으로 다가올 미래에 긍정적인 결과가 도출될 수 있도록 함께 고민하고 의견을 제시한다.

이렇게 부정적 피드백과 비난은 다른 방법과 목적을 가지고 있다. 그럼에도 불구하고 사전적 의미 때문에 '부정적 피드백=비난'으로 혼동된다. 그러므로 이를 방지하기 위해 '부정적 피드백'이라는 표현 대신 이 책에서는 피드백의 목적을 담아 '건설적 피드백'이라 부르고자 한다.

가까운 사이이기에 더욱 감수해야 할 불편함

앞서 언급한 것처럼 건설적 피드백은 상호 간의 불편한 감정을 주기도 한다. 그럼에도 불구하고 우리의 삶에서 '건설적 피드백'이 꼭 필요한 이유는 무엇일까? 바로 스스로 인식하지 못하는 문제점을 직면하도록 돕기 때문이다. 사람은 자기 자신에 대해 객관적으로 보는 것에 한계가 있다. 그렇기 때문에 타인의 시각에서 바라보는 나에 대한 긍정적, 건설적 피드백을 받는 것은 매우 중요하며 필요한 것이다.

그렇다면 스스로 인식하지 못하는 문제점들을 '직면'한다는 것은 어떤 의미일까? '직면'은 스스로를 문제 상황에 그대로 있게 하는 자기모순과 불일치를 스스로 점검하도록 인도하는 기술이라고 정의하고 있다. 상대방이 왜곡, 고집스러운 생각, 회피 등으로 인해 더 이상 생각과 행동이 나아가지 못하고 있을 때 우리는 건설적인 피드백을 통해 문제 상황을 직면할 수 있도록 도와야 한다. 이때 중요한 것이 바로 공감이다. 공감이 없는 건설적 피드백은 상대의 마음을 불편하게 하는 것을 넘어 상처를 줄 수 있다. 문제 상황에서 가장 어렵고 힘든 것은 대부분 본인이다. 해당 문제에 봉착한 당사자의 감정과 태도와 같이 쉽게 관찰될 수 없는 것까지 포착하는 것이 우선이다. 이런 공감이 바탕이 된 건설적 피드백은 다소 부정적 내용이 담기더라도 마음이 개방되어 피드백의 정보를 심리적 상처 없이 수용할 수 있다[1].

건설적 피드백은 우리의 궁극적인 발전과 성장을 위해서 꼭 필요하다. 하지만 피드백을 주고받는 과정에서 마음이 불편한 것 또한 사실이다. 따라서 건설적 피드백의 궁극적인 목적을 이해하고 상호존중과 공감을 바탕으로 올바른 방식의 건설적 피드백을 하는 것이 중요하다.

02

망설일 필요 없는
건설적 피드백

우리는 왜 건설적 피드백을 망설이는가?
가치 있는 건설적 피드백을 나누기 위한 조건을 알아보자.

피드백, 왜 망설이는가?

우리 삶 속에서 건설적 피드백은 꼭 필요하다. 앞서 말했듯 상대의 발전과 성장을 도모하는 일이기 때문이다. 하지만 우리는 건설적 피드백을 하는 것이 망설여진다. 그 이유는 무엇일까? 가장 큰 이유는 건설적 피드백은 상대에게 방어, 불만, 부정 등 다소 부정적인 반응을 야기하기 때문이다. 이런 부정적인 반응으로 인해 관계의 균열이나 비협조적인 행동을 유발하기도 한다. 실제로 좋은 의도에서 문제점이나 개선점에 대해 제안했지만, 오히려 큰 반감을 일으켜 조직 내 협업에 문제가 되거나 가정 내 갈등이 발생되기도 한다. 선한 의도로 피드백을 준 사람은 '성의'를 무시당한 감정이 들고, 피드백을 받은 사람은 잘 알지도 못하면서 '비난'만 한다며 서운한 감정을 느껴 버리곤 한다.

이렇게 건설적 피드백은 개선이나 성장을 도모하지만, 자칫 상대방이 겪는 불편한 감정으로 오히려 부정적인 영향을 미치거나 피드백 자체가 수용되지 않기도 하는 아이러니한 상황들을 종종 단나게 된다. 이 때문에 건설적 피드백은 자꾸만 망설여지게 된다.

망설일수록 독이 되는 건설적 피드백

하루는 동료가 찾아와 고민을 토로하였다. 함께 협업하고 있는 동료 때문에 너무 스트레스를 받는다는 것이었다. 이야기인즉슨 한 프로젝트에 합류했는데 자신에게만 일이 너무 몰리는 것 같고, 거다가 한 명의 동료가 전혀 참여하지 않고 무임승차 한다는 것이었다. 물론 한쪽의 이야기만 들은 것이고, 저자는 그 프로젝트에 참여하지 않았기 때문에 정확한 상황을 파악하기는 어려웠지만, 그 말이 사실이라면 '상대방에게 업무태도의 개선을 요청하는 건설적인 피드백을 하는 것이 어떨까?' 하며 제안했다. 하지만 갈등에 회피적인 해당 동료는 건설적인 피드백을 꺼렸다. '눈치껏 말했으니 아마 알아들었을 것이다.', '본인이 몇 가지 자료 조사를 부탁했으니 아마 잘해 올 것이다.'라며 상대의 행동이 긍정적으로 변하길 바랐지만, 직접적인 피드백은 하지 못했다. 결국 프로젝트가 진행될수록 동료의 스트레스는 극한으로 치닫게 되었고, 그 프로젝트를 잘 마무리했으나 다시는 그 프로젝트팀은 모일 수 없었다.

아마 이와 비슷한 경험은 누구나 있을 것이다. 건설적인 피드백을 직접적으로 하기보다는 상대방이 스스로 문제를 알아채서 해결하길 바랐던 경험 말이다.

　미국 노스캐롤라이나 대학 심리학과의 바버라 프레드릭슨(Barbara L. Fredrickson)과 마셜 로사다(Marcial F. Losada) 교수팀은 60여 개 기업의 회의록에서 나온 단어를 조사한 결과 성장하는 기업은 쇠퇴하는 기업보다 긍정적인 발언이 많은 것을 알 수 있었다. 최적의 상태에서 긍정과 부정의 비율은 약 2.9:1이라고 밝혔으며 이는 기업의 성장과 쇠퇴를 가르는 '한계 긍정률(Critical positivity ratio)', 또 다른 말로 '로사다 비율'이라 밝힌 바 있다.

　즉, 부정적인 표현이나 피드백보다 긍정적인 표현과 피드백을 더 많이 해야 성장과 성과에 더욱 도움이 된다는 의미이다. 그러나 재미난 사실은 너무 긍정적으로만 편향된 경우에는 부정적인 결과가 나온다는 것이었다. 과도한 긍정은 모든 것을 긍정적으로 해석해 현재에 안주하게 만들기 때문에 어떤 문제가 발생해도 이를 문제로 인식하지 못하게 한다. 또한 어떤 일에 도전하거나 그 이상으로 발전하려고 하지 않는 상태인 '막연한 낙관주의'로 빠지기 쉽다. 그 예가 바로 영국 런던의 밀레니엄 돔(Millennium Dome) 프로젝트의 실패다. 이 프로젝트를 추진할 당시 프로젝트 주체는 '연간 최대 1,200만 명의 방문객을 유치할 수 있다' 등 긍정적인 전망만 선별해 유리하게 해석했다. 그러나 이런 예상은 흥미 있는 콘텐츠, 합당한 입장료 등 다른 주요 요건들이 모두 충족될 때만 가능한 최대 수치라는 사실을 놓치고 말았다. 실제로 돔을 찾은 관람객은 650만 명에 불과했고, 결국 개관 1년 만에 폐관하게 됐다[2].

실제 앞서 소개된 로사다의 연구에서도 '한계 긍정률(Critical positivity ratio)' 11.6:1이 넘어서면 오히려 성과가 확연히 떨어진다는 것을 알 수 있었다. 긍정적인 칭찬이나 피드백이 중요하지만, 건설적인 피드백과 함께 적절한 비율로 어우러졌을 때 조직의 성과에 도움이 되는 것을 알 수 있다. 그러므로 우리는 건설적 피드백을 망설이지 말고 좀 더 적극적으로 해야 한다.

그럼에도 불구하고 건설적 피드백을 하기 어려워하는 사람들의 공통점 중 하나는 바로 갈등을 회피하는 태도이다. 건설적 피드백으로 인해 타인에게 부정적 감정을 전달하고, 이로 인해 갈등이 야기되지는 않을까 불안함을 느낀다. 하지만 조직 내 갈등의 강도와 조직의 성과 측면에서 연구한 결과를 살펴보면 오히려 갈등이 없는 '갈등 부재' 상태의 조직은 성과가 매우 낮다. 왜냐하면 자기 생각을 자유롭게 이야기하지 못하고 침묵으로 일관하는 조직원의 태도가 조직을 정체시키기 때문이다[3].

다시 한번 정리하자면 건설적 피드백을 회피하면 결국 다각적이고 객관적인 해석과 평가가 부재하게 되고, 이는 낮은 성과와 부정적인 관계형성으로 연결되는 것이다.

가치 있는 건설적인 피드백의 3가지 조건

건설적 피드백은 우리에게 꼭 필요하지만 공들이지 않은 피드백은 선한 의도와 다르게 오해를 불러일으키기도 한다. 가치 있는 건설적 피드백을 위해 우리는 몇 가지 공들이는 노력이 필요하다. 건설적인 피드백의 선한 의도 그 자체가 잘 전달될 수 있도록 어떤 점들을 노력해야 할까?

첫째, 피드백을 주고받을 수 있는 문화를 형성한다.

소통방식은 문화의 영향을 많이 받듯, 피드백 역시 문화의 영향을 많이 받는다. 보통 수직적인 조직문화나 대인관계에서는 권위가 있는 사람만이 건설적 피드백을 하게 된다. 즉, 피드백을 주고받는 문화가 아닌 일방적으로 주기만 하는 문화가 형성되는 것이다. 이에 반해 조직 문화가 수평적이고 개방적일수록 직급이나 권위와는 관계없이 목표와 성과를 위해 다양한 의견과 피드백을 주고받을 수 있게 된다. 그래서 요즘에는 수평적인 조직문화를 조성하기 위해 많은 기업들이 노력한다. 그러나 다소 지배적인 문화를 가진 조직이 무작정 외부 트렌드에 따라 수평적인 문화를 일방적으로 공표하거나 프로세스를 수립한다면 오히려 형식만 있고 효과는 없는 빈껍데기 같은 결과를 가져오게 된다. 더 나아가 오히려 업무 성과를 떨어뜨리는 위험을 초래하기 때문에 좀 더 각 조직에 맞는 구조적인 피드백 프로세스와 문화를 개발하고 적용해야 한다.

둘째, 피드백의 방법과 목표를 합의한다.

아무리 문화가 확보된다고 해도 상호 간에 정확한 목표와 합의가 필요하다. 이런 세부적인 목표와 합의는 더욱 효과적인 건설적 피드백을 가능하게 한다. 방법은 매우 간단하다. 바로 본격적인 피드백 전에 피드백을 통해 누가, 언제, 어디서, 무엇을, 어떻게, 왜 하는지에 대한 방법을 공유 및 합의하는 것이다. 이를 통해 불필요한 감정이나 오해를 예방하고 더 공정하며 개방적인 대화와 피드백을 주고받을 수 있다.

셋째, 편견을 배제한다.
주관적인 판단과 편견으로 똘똘 뭉쳐진 피드백은 긍정적인 피드백일지라도 가치가 떨어지게 된다. 따라서 피드백을 할 때에는 편견을 배제하기 위해 노력해야 한다.

가장 쉽게 편견을 인식하고 배제하기 위한 방법은 피드백 대상이나 그의 성과, 행동에 대해 잘 아는 또 다른 타인과 피드백을 함께 나눠 보는 것이다. 피드백을 제공하는 나의 생각과 시각이 편협적일 수도 있기 때문에 타인 관점의 피드백과 비교하여 객관성을 확보하는 것이다.

또한, 나의 피드백을 누군가가 검토한다고 생각해 보자. 자기 검열을 통해 개인적 편견을 스스로 견제하는 것이 도움이 된다. 조직의 경우 외부 전문가를 통해 전문적인 피드백 보정을 받는 것도 하나의 방법이 될 수 있다. 특히 조직에서 가장 흔히 일어나는 사회적 편견(성별, 연령, 경력 기간, 인종 등)이나 인지적 편견 등은 공식적으로 인식, 점검하면 질적으로 향상된 피드백을 주고받을 수 있다[4].

가치 있는 건설적 피드백을 하기 위해 위와 같이 스스로의 편견을 체크해 보는 것부터 상호 간의 합의, 조직과 관계의 문화까지 다각적인 노력이 필요하다. 이처럼 건설적인 피드백을 활용하는 것이 쉽지만은 않을 수 있다. 그러나 건설적 피드백이 필요한 때에 적절하게 활용하지 못하면 그것은 상호 간 관계나 조직, 가정의 건강한 성장 기회 자체를 상실하는 것이다. 성장의 기회를 잡기 위해 좀 더 구체적인 건설적 피드백의 기술을 알아보자.

03

효과적인
건설적 피드백의 기술

건설적 피드백의 효과성을 높이기 위한 적절한 타이밍과
커뮤니케이션 스킬을 알아보자.

건설적 피드백이 필요한 순간

건설적 피드백을 하는 것이 쉽지 않지만 그럼에도 불구하고 해야 한다는 필요성에 대해 충분히 공감했을 것이다. 무엇보다 중요한 것은 건설적 피드백이 필요한 순간을 잘 알아차리고 적절하게 활용해야 한다는 점이다. 그렇다면 건설적 피드백이 필요한 순간은 언제일까? 건설적 피드백이 필요한 3가지 때를 알아보자.

첫째, 상호 협의한 바대로, 기대하는 방향으로 일이 진행되지 않을 때

예를 들어 친구와 함께 여행을 가기로 했다고 가정해 보자. 나는 여행지 근처 맛집을 검색해 예약하기로 하고, 친구는 3박 4일간 이용할 숙소를 예약하기로 협의했다. 그러나 친구가 바쁘다는 이유로 약속한 기한을 넘기며 숙소 예약을 미루고 있다. 그렇다면 이 상황은 상호 협의한 대로 진행되고 있지 않기 때문에 이 부분에 대해 건설적인 피드백과 대안을 찾아야 할 것이다.

둘째, 잘못된 부분을 바로잡거나, 효과가 떨어지는 방식으로 진행될 때
예를 들어 설문조사 결괏값을 엑셀의 함수를 이용해 통계를 내고 있다고 가정해 보자. 엑셀과 함수 활용이 조금 서툰 동료가 일일이 결괏값을 구하고 있다면, 이는 효과가 떨어지는 업무처리방식이므로 이에 대해 방법을 함께 논의하거나 가르쳐 주는 것이 필요하다. 이는 업무 효율성 향상과 함께 개인의 역량 향상까지 기대할 수 있다.

셋째, 도움이 되지 않는 사고방식, 태도, 소통 전략을 수정해야 할 때
앞서 설명한 동료 사례가 이에 해당한다. 협력해서 프로젝트를 수행해야 하는 상황에서 무관심과 이기심으로 임하는 상대방의 태도를 스스로 직면하게 하여 공동의 목표를 효과적으로 달성할 수 있도록 제안하는 것이 필요하다.

이렇게 세 가지 상황이 건설적 피드백이 필요한 순간이라는 것을 잘 인식해야 한다. 중요한 것은, 상대의 행동과 태도를 지적하는 것에서 머무르지 않고 공동의 목표달성과 개인의 역량 향상에 목표를 둬야 한다는 것이다. 이 목표에 부합한다면 우리는 건설적 피드백이 필요한 때라는 것을 알아차려야 한다.

피드백의 반전, 비언어의 영향력

마이애미대학교 경영대학원 마리 다스보로(Dasborough) 교수는 실험 참가자들을 두 그룹으로 나눠 '두 사람 이상의 상호 작용에 관한 연구'를 했다. 연구에서 측정하는 반응은 바로, '자신의 성과에 느끼는 불만감'이었다.

첫째 집단에는 부정적 피드백을 했다. 다만 피드백을 할 때, 고개를 끄덕이거나 미소를 살짝 짓는 등의 긍정적인 시각적 신호를 제공했다.

둘째 집단에는 반대로 긍정적인 피드백을 주되, 눈살을 찌푸리거나 눈을 살짝 흘겨보는 등의 부정적인 신호를 제공했다. 두 그룹은 어떻게 반응했을까?

흥미롭게도 둘째 집단이 첫째 집단에 비해 오히려 자신의 성과에 대해 더 불만스럽게 느끼는 것으로 나타났다. 즉, 성과에 대한 만족도나 불만감은 피드백의 메시지보다 피드백을 전하는 사람의 표정과 행동이 더 큰 영향을 준다는 것이다. 물론 메시지가 중요하지 않다는 것은 아니다. 다만 표정과 행동 같은 비언어가 그만큼 중요하기 때문에 피드백의 언어를 전달할 때 비언어도 놓치지 말아야 한다는 것이다.

건설적 피드백의 수용도를 높이는 3가지 방법

건설적 피드백의 목적은 '문제를 직면하여 인식하는 것'과 '자기 계발 동기부여를 통해 성장하는 것'이다.

문제의 직면이란, 스스로 과업수행에서 드러나는 모순이나 불일치 또는 기준에 어긋나는 점을 스스로 찾아 수정할 수 있도록 기회를 제공하는 것을 말한다. 자기 계발 동기부여의 의미는 현재 상태에서 더 나은 상태로 발전할 수 있을 거라는 믿음을 가지고 개선의 의지를 강하게 느끼는 것을 의미한다. 다만 이 목적을 가지고 진심으로 건설적인 피드백을 전달하더라도 상대방이 수용하지 않으면 말짱 꽝이다.

상대가 피드백의 내용을 받아들이는 정도를 우리는 피드백 수용도라고 표현한다. 피드백 수용도를 높이는 3가지는 다음과 같다[5].

첫째, 구체적이어야 한다.
피드백이 구체적일수록 성과달성을 위해 어떤 행동이 적절하고 부적절한지 인식하게 해 줌으로써 보다 성과에 도움이 되는 행동을 할 수 있도록 한다. 또한, 피드백이 포괄적일 때보다 구체적일수록 평가에 대한 공정성에 대해 더욱 신뢰한다. 즉, 추상적인 피드백은 효용 가치가 낮아질 뿐 아니라 그 내용 자체를 수용하기 어렵다. 그러므로 객관적인 사실과 상황의 맥락을 아우르는 구체적인 피드백이 필요하다. 예를 들면, 자녀에게 "앞으로 더 일찍 일어나!"라는 피드백보다는 "앞으로 6시에는 일어나자. 왜냐하면 준비시간이 적어도 1시간은 걸리기 때문에 조금 더 여유롭게 일어나야 지각하지 않거든."이라는 식의 표현이 더욱 도움이 된다.

둘째, 가치가 있어야 한다.
사람은 피드백을 통해 본인의 목표를 달성할 때 만족감을 느낀다. 그러기 위해서는 정보가 새롭고 유용해야 한다. 즉, 피드백 내용이 좋을지라도 이미 알고 있는 것, 또는 이전에 말했던 것을 다시 피드백하는 것은 수용도가 높지 않을 수 있다. 특히 조직의 경우, 직무 역량과 해당 피드백이 얼마나 밀접한 관련이 있는지를 매우 중요하게 생각한다. 그렇기 때문에 해당 분야의 전문가나 이전의 비슷한 프로젝트를 진행해 본 적 있는 경험자, 역량이 높은 사람의 피드백을 신뢰할 수밖에 없다. 또한, 조직 내 결정권자가 피드백을 하는 경우, 그 피드백에 내포된 직무 관련 정보가 향후 이루어질 수 있는 승진이나 금전적 보상을 예견할 수 있게 만들기 때문에 직무 목표를 달성하는 데 동기부여가 될 수 있다.

셋째, 공감이 있어야 한다.

특히 건설적 피드백에서는 가장 중요하고 특별한 요인이다. 긍정적인 피드백에 비해 건설적 피드백의 경우는 필히 공감이 수반되어야 피드백을 받는 상대가 훨씬 높은 수용도를 나타낸다. 공감이란 '자신이 경험하지 않고도 다른 사람의 감정을 거의 같은 내용과 수준으로 이해하는 것'을 의미한다[5]. 즉 편견이나 섣부른 판단을 하지 않는 것과 의미가 상통한다.

예를 들면, 요즘 들어 지각이 잦은 후배에게 "왜 이렇게 요즘 지각해? 일하기 싫어?" 등의 판단과 비난으로 대화를 시작하면 그 이후 아무리 도움이 되는 건설적 피드백을 해도 그 피드백이 수용되지 않는다. 그러나 "저번 주에도 지각이 있었고, 이번 주도 벌써 2번이나 늦었더라고, 혹시 무슨 일이 있니? 아, 그런 일이 있었구나. 많이 힘들었겠다." 등으로 상대가 가지고 있는 그 상황과 감정에 대해 경청하고 그 부분을 있는 그대로 공감해 주는 태도가 필요하다.

상대의 이야기를 경청한다고 해도 공감이 자동으로 일지 않을 것이다. 심지어 공감되지 않고 그 내용에 반박하고 싶은 생각이 떠오를 수도 있다. 그러나 내 입장과 생각으로 판단하여 "아니, 아무리 피곤해도 지각할 정도는 아닌 거 같은데?"라며 상대의 상황과 감정을 부정하기보다는 일단은 먼저 상대가 말한 내용을 있는 그대로 "그럴 수도 있겠다."라는 수용적 태도와 메시지를 전달하는 것이 중요하다. 그 이후 건설적 피드백을 해도 늦지 않다.

사람은 상대방이 자신을 이해하고 공감한다는 느낌을 받으면 마음을 열게 되고 나아가 신뢰감을 느낀다. 다만 주의해야 할 점은 건설적인 피드백이 공감적인 수준에만 머물면 안 된다는 것이다. 앞선 설명처럼 상호 신뢰를 형성할 수 있으나 자기 자신을 발전시킬 수 있는 동기부여가 되지 않을 수 있기 때문이다. 그러므로 건설적 피드백을 위해서는 상대방이 처한 상황과 그가 느낀 감정을 충분히 경청하고 공감한 후, 상대가 인식하지 못한 그 문제점을 직면하게 해 주는 것이 필요하다.

건설적 피드백 실전_부모·자녀 편

일상에서 어떻게 건설적 피드백을 활용하고 있는가? 아래의 피드백 상황을 살펴보며 평소 나의 피드백 대화를 점검해 보자.

〈집에 오자마자 게임을 하려는 자녀와 부모 간의 대화〉

엄마: 너 집에 오자마자 컴퓨터 켜는 거 봐. 게임을 하려는 거지? 빨리 숙제부터 해.
자녀: 엄마! 한 시간만요~ 학교에서도 계속 게임하고 싶었단 말이에요.
엄마: 한 시간은 무슨~ 너 시작하면 한 시간이 뭐야? 끝도 없잖아. 빨리 안 해?
자녀: 아 진짜예요. 한 시간만 할게요. 그다음에 진짜 숙제할게요.
엄마: 엄마 진짜 화낸다. 빨리해! 빨리 공부방으로 들어가!

집에서 아주 흔하게 볼 수 있는 대화의 패턴이다. 이 대화의 문제는 무엇일까? 진정 엄마가 원하는 것은 과연 무엇일까? 앞서 설명한 것처럼 건설적 피드백의 목적은 혼내거나 비난하는 것이 아니다. 상대방의 행동을 변화시키거나 성과를 증진하는 것이다. 목적을 상기하며 공감을 바탕으로 구체적이고, 가치 있는 피드백으로 수정해 보자.

[집에 오자마자 게임을 하려는 자녀와 부모 간의 건설적 피드백]

엄마: 컴퓨터를 켰구나. 무엇을 하려고 하니?
자녀: 엄마! 게임 딱 한 시간만요~ 학교에서도 계속 게임하고 싶었단 말이에요.
엄마: 그랬구나. 재미있는 게임이 계속 생각났구나?(공감)
자녀: 네. 딱 한 시간만 할게요.
엄마: 그래. 게임이 하고 싶겠지만 엄마 생각에는 숙제를 먼저 끝내고 하는 게 좋을 거 같아. 왜냐하면 저번에도 게임을 하다가 시간이 훌쩍 지나서 밤늦게까지 졸면서 숙제를 했었던 거 기억하지?(구체적) 먼저 해야 할 일을 책임감 있게 하고 나서 게임을 해야 하거든. 엄마는 우리 아들이 책임감도 강하니까 그렇게 할

거라고 믿어. 대신 숙제를 다 하고 게임을 하면 엄마가 한 시간 30분 할 수 있게 해 줄게.(가치)

자녀: 게임하고 싶은데...

엄마: 그래. 재미있는 게임하고 싶은 마음을 이해해.(공감) 하지만 오늘은 숙제부터 하자. 엄마가 숙제하는 동안 우리 ○○이가 좋아하는 초콜릿 쿠키랑 우유 갖다 줄게.(가치) 할 수 있지?

자녀: 네. 진짜 한 시간 30분 하게 해 주실 거죠? 그럼 빨리 숙제할게요!

엄마: 엄마 의견을 들어줘서 고마워~ 엄마가 빨리 간식 준비할게!

집에 오자마자 컴퓨터를 켜는 자녀의 모습을 보고는 자동적으로 머릿속에 "컴퓨터 게임을 하려고 컴퓨터를 켰구나!"라는 판단이 들었을 것이다. 하지만 그 자동적인 사고를 그대로 표현하게 되면 상대방인 자녀는 바로 방어기제를 강하게 세우며 피드백에 대한 거부감을 온몸으로 드러낼 것이다.

초등학생 자녀가 게임을 좋아하는 그 감정과 행동에 대해 잘못된 것이라고 비난하는 것은 옳지 않다. 그 행동 자체를 동의한다는 의미가 아니다. 동의하지 않더라도 그 감정에 대한 공감을 통해 피드백이 수용될 수 있도록 마음의 문을 열어 두어야 한다. 그런 뒤에 구체적인 사실을 근거하여 행동 수정 의지를 상기시키고, 수정된 행동을 통해 얻을 수 있는 가치를 전달하는 것이 필요하다. 이러한 건설적인 피드백을 한다고 해서 초등학생 자녀의 행동이 단번에 변화되지 않을 수 있다. 다만 강압적인 행동 지시보다는 건설적인 피드백을 꾸준히 실천하는 것이 자녀의 긍정적인 행동 변화에 도움이 된다는 것은 확신한다.

건설적 피드백 실전_상사·후배 편

조직에서 업무를 수행할 때 피드백은 실질적인 성과와 직결된다. 특히 올바른 건설적 피드백은 조직 구성원의 업무 몰입도를 증진시키고 조직 성과를 창출시키기 때문에 매우 중요하다. 그렇다면 아래의 대화를 살펴보자.

〈김 부장에게 기획서를 보고하는 박 대리 간의 대화〉

대리: 부장님, 이번 리더십 교육 관련해서 기획안 작성했습니다. 검토 부탁드립니다.

부장: 음... 일단 보고서가 너무 눈에 안 들어온다. 내용이 많기도 한 거 같고... 뭔가 정리가 안 된 느낌이랄까? 레이아웃을 조금 바꿔보든지.

대리: 네 알겠습니다.

부장: 아, 여기 띄어쓰기가 잘못됐네. 띄어쓰기가 얼마나 중요한데 이걸 틀리나?

대리: 아... 죄송합니다.

부장: 저번보다 비용이 조금 높은 거 같네?

대리: 네 이번에는 교육 후에 그룹코칭까지 진행하는 프로그램이라서 기존에 진행했던 과정보다는 비용이 다소 많이 듭니다.

부장: 예산 체크해 봤지? 초과하는 건 아니지?

대리: 네. 확인해 봤습니다.

부장: 그래. 내용은 뭐 알아서 했겠지~ 알겠어요. 다시 수정해서 와요.

대리: 아...? 아... 네네.

보고서의 레이아웃에는 자신의 기준에 못 미치면 아주 작은 실수라도 후배를 아주 무안하게 만들 만큼 지적한다. 하지만 정작 중요한 보고서의 내용에 대한 피드백은 전혀 없다. 보고서는 레이아웃만큼 중요한 것이 논리와 기획력이다. 아마 대리가 부장에게 기대했던 것은 레이아웃에 대한 피드백도 있었겠지만, 기획이나 보고서의 논리에 대한 피드백도 분명 있었을 것이다. 좀 더 건설적이고 성장을 위한 피드백은 이 부분까지 포함되어야 할 것이다. 혹시 그 분야에 대해 잘 모른다고 할지라도 건설적인 방향을 담아서 다음과 같이 이끌어 볼 수 있다.

[기획보고서를 김 부장에게 보고하는 박 대리 간의 건설적 피드백]

대리: 부장님, 이번 리더십 교육 관련해서 기획안 작성했습니다. 검토 부탁드립니다.
부장: 기획안 작성하느라 고생이 많았네요. 수고했어요.(공감)
(내용을 천천히 살펴본 뒤) 사실 이런 프로그램 기획은 조금 낯설기도 한데, 정확한 교육 의도나 학습 목표를 좀 더 설명해 줄래요?
대리: 네 이번 리더십 교육(중략)
부장: 그렇구나. 코칭까지 진행하면 리더들에게 실질적인 도움이 될 거 같네요.(공감) 다만 그룹코칭의 인원이 많아서 코칭이라기보다는 다시 재교육을 받는 듯한 느낌이 들지 않을까 염려스러운데, 어떻게 생각해요?(가치)
대리: 비용 때문에 그렇게 하긴 했는데... 더 소수로 진행하면 좋긴 할 거 같습니다.
부장: 네. 예산 확인해 보고 그룹코칭 인원을 그룹당 최소 몇 명까지 가능한지 분석해서 한번 정리해 줄래요?(구체적)
대리: 네 알겠습니다.
부장: 음... 조금 내용이 빡빡하게 들어간 느낌이 드네요. 개요의 줄 간격이나 여백이

대리: 너무 좁은 느낌이 들어요. 평소 저에게 보여 준 보고서 양식과 같나요?(구체적)

대리: 원 페이지로 정리하다 보니 내용이 좀 빽빽해서 간격과 여백을 조금 줄였습니다.

부장: 네. 그랬을 거 같네요.(공감) 그럼 이 부분을 도식화해 좀 더 간결하게 표현해 보는 건 어떨까요? 예를 들면 이런 모양이나 도표를 사용해 보는 거죠.(구체적)

대리: 아, 한번 해 보겠습니다.

부장: 그렇게 수정하면 이 2가지 프로그램이 있다는 것이 더 한눈에 들어올 거 같네요.(가치) 이 정도면 될 거 같아요. 혹시 궁금한 사항 있나요?

대리: 없습니다. 피드백주신 부분 반영해서 오후에 다시 오겠습니다.

부장: 네. 이번 리더십 교육 기대가 되네요.(공감)

교육 기획에 대한 경험이 풍부하지 않은 리더 할지라도 좀 더 구체적이고 가치를 부여할 수 있는 피드백을 주기 위해 질문하고, 경청하고, 자신의 궁금한 점이나 느낀 점을 다시 질문했다. 이전보다 훨씬 탄탄한 교육 기획으로 개선될 수 있는 방향으로 나아간 것을 대화를 통해 알 수 있었다. 건설적 피드백을 위해서는 나의 일방적인 판단으로 대화하는 것은 옳지 않다. 김 부장과 같이 상대방의 생각, 감정, 상황에 대해서 심리적인 안정감을 바탕으로 대화하는 것이 필요하다. 그러다 보면 어느새 우리는 이전보다 훨씬 나은 방향으로 한 걸음 한 걸음 나아가고 있을 것이다.

04

건설적 피드백을 위한 마음가짐

과거의 문제점에 머무르지 않고
미래의 성장에 초점을 맞춘 '선물' 같은 피드백을 위한
우리의 마음가짐을 살펴보자.

기분 나쁘게 생각하지마 vs 기분 나쁠 수 있지, 인정해

> **박 부장:** 제가 김 대리 기분 상할까 봐 얼마나 고민하고 고민해서 피드백을 한 줄 아십니까. 기분 나쁘게 생각하지 말고 들어 달라고 부탁까지 하면서 피드백을 했는데도 영 표정이 안 좋더라고요. 그런 표정을 보고 있노라니 저도 엄청 서운하고 괜히 했다 싶더군요. 그냥 피드백하지 말아야겠어요.

건설적 피드백을 하고도 속상한 박 부장의 이야기가 남 이야기 같지만은 않다. 분명 상대의 감정과 상황을 배려하며, 성장을 목표로 건설적인 피드백을 했다. 그런데도 상대의 기분이 불편해 보이니 갑자기 피드백을 준 당사자도 기분이 불편해진다. 기분 좋게 건설적 피드백을 줄 수 없을까?

『하버드 피드백의 기술』의 저자 더글러스 스톤과 쉴라 힌(Douglas Stone, Sheila Heen)에 따르면 사람들은 피드백을 받을 때, 다음과 같은 생각이 자동적으로 생길 수 있다고 한다.

[진실에 대한 회의감(Truth Triggers)]
"저 피드백은 틀렸어. 불공정해. 나에게 도움이 되지 않아!, 상대방은 나를 이해하지 못하고 있어."

[관계에 대한 회의감(Relationship Triggers)]
"내가 이 모든 일을 당신을 위해서 해 줬는데 그런 말을 해?, 내가 문제가 아니라 당신이 문제 아냐?"

[정체성에 대한 회의감(Identity Triggers)]
"내가 일을 다 망쳐 놨구나... 이제 나는 끝났어. 나는 정말 잘하는 일이 없구나. 왜 이렇게 무능력하지...?"

종합해 보면 아무리 좋은 의도와 올바른 방법으로 건설적 피드백을 하더라도 상대방은 불편한 마음이 생길 수 있다는 것이다. 이 점을 인정해야 한다. 상대방의 불편함 감정을 인정하고 수용하면서 어떻게 그다음 단계로 넘어갈 수 있을지에 대해서 고민하는 것이 건설적 피드백을 시작할 수 있는 첫걸음을 떼는 것이다.

피드백을 하기 전, 스스로 피드백하기

산업심리학자 아담 그랜트의 주장에 의하면 피드백을 할 때 리더가 공통적으로 하는 실수 중 하나가 '리더의 개인적 의견이 아니라, 절대 진리인 것처럼 피드백을 제시하는 태도'라고 한다. 피드백을 제공하는 사람이 '나는 맞고, 너는 틀렸어'와 같은 태도로 피드백을 제공하면 아무리 논리적이고 타당한 피드백이라 할지라도 수용되기 어렵다. 그러므로 '나의 의견과 피드백이 너에게 도움이 되기를 바라.'라는 마음과 태도가 필요하다. 그런 마음과 태도를 경계하기 위해 아래의 3가지의 메시지를 살펴보고 자신의 생각을 검열해 보자.

첫째, 건설적 피드백은 평가가 아니다.
단순히 평가에만 머무르는 피드백을 우리는 자주 만나게 된다. 평가라는 것은 수준을 평하고 그 값을 매기는 행위이다. 즉, 과거부터 지금까지의 결과에 초점을 맞춘 것이다. 하지만 피드백은 미래의 방향으로 나아간다. 이미 지나간 결과에 초점을 맞추는 게 아니라 더 나은 성장을 위해 앞으로 어떤 건설적인 방법을 활용해야 할지에 대한 미래 관점에 초점이 맞춰져야 한다.

둘째, 건설적 피드백은 정답이 아니다.
인생에 완벽한 정답이 과연 몇 개나 있을까. 나에게 있어서 완벽한 정답일지라도 타인에게는 그렇지 않을 수도 있다. 나의 의견이 정답이라고 확신을 하는 자신감도 우리의 삶에 필요하다. 하지만 자신감과 자만심은 한 끗 차이이다. 그 한 끗을 넘은 피드백은 상대방에게 자신의 방법을 강요하거나 명령하게 된다. 그런 강요하는 피드백은 오히려 타인의 동기를 저해하고 반발심을 야기하는 요인이 될 수 있다.

셋째, 건설적 피드백은 일방적인 대화가 아니다.

피드백은 주는 쪽, 받는 쪽이 정해진 경우가 많다. 하지만 아이러니하게도 주는 쪽이 일방적으로 전달하는 방식에 머무른다면, 기대하는 효과를 거두기는 불가능에 가깝다. 상대방을 피드백 과정에 참여시켜야 한다. 우리의 성장 목표가 무엇인지, 그 성장목표를 방해하는 요인은 무엇인지, 어떤 점을 지원해 주기 바라는지, 기존과 다른 방법은 무엇이 있을지 등의 다양한 고민과 관점을 가지고 함께 의논하는 과정이 필요하다. 그래야만 더욱 구체적이고, 가치 있으며 공감을 기반으로 한 피드백이 가능해진다.

우리의 관계와 성장을 돕는다는 믿음을 가지고

아직까지도 건설적 피드백을 주저하게 만드는 걸림돌이 있는가? 혹시나 관계가 불편하지 않을까 하는 걱정, 초점을 맞추기에는 너무 까다롭고 시간이 오래 걸린다는 생각이 아직도 머리를 떠나지 않는가? 『리더십 머신(The Leadership Machine)』의 저자 마이크 롬바르도와 밥 아이힝어(Mike Lombardo, Bob Eichinger)는 이렇게 말했다. "직원들에게 건설적 피드백을 아예 주지 않거나 강점에 대한 피드백만 주는 것은 경영진이나 관리자의 자리에 시한폭탄을 떨어뜨리는 것과 같습니다."

이제는 건설적 피드백을 머뭇거리게 하는 그 시한폭탄을 제거해야 한다. 우리의 관계와 성장을 돕는다는 그 선한 의도를 바탕으로 공들인 피드백을 나의 사람들에게 전해 보자. 분명 이전보다 더 끈끈한 관계와 더 멋진 성장이 기다릴 것이다.

디베이트(Debate)에 관하여

강경옥 | 에듀세움 컨설팅 대표

어떠한 문제를 해결하는 것에 대한 정답이 있다고 생각하는가? 그 정답을 위해 의견을 강하게 주장한 적이 있는가? 그로 인해 좋았던 관계가 어색하거나 틀어진 경험이 있는가? 이젠 더 이상 자신의 주장이 옳다며 경쟁하듯이 하는 대화 방식은 그만하자. 서로 더 나은 문제 해결을 위해 의견을 나누는 과정이라 믿으며 서로의 관계를 지켜 가는 대화, 즉 '디베이트'를 통해 의견을 나누어 보자. '디베이트' 소통 방식은 서로를 위한 더 나은 의사 결정을 하는 데 많은 도움을 줄 것이다.

01

디베이트(Debate)의 중요성

같은 문제에 대한 다른 의견은 누구나 가질 수 있다.
당신은 그럴 때 상대방과 어떻게 소통하는가?
서로 관계를 해치지 않으면서도 더 나은 의사결정을 할 수 있는
대화 방식에 대하여 알아보자.

같은 문제, 다른 의견

'네 맘' '내 맘' 같은데, 왜 대화는 답답할까?

- **자녀 교육 문제: 아내 vs 남편**

  아내: 옆집 해솔이는 이번에 원어민 영어학원으로 옮겼대. 우리 나래도 옮길까?
  남편: '뱁새가 황새 따라가다 가랑이 찢어진다'는 말 몰라?
  아내: 무슨 말을 그렇게 해! 누가 뱁새고 누가 황새야? 당신 닮았으면 뱁새겠지 뭐!

- **신제품 출시일 문제: 홍보팀 vs 개발팀**

  홍보팀: 시장을 선점하려면 경쟁사보다 신제품 출시일을 당기는 게 좋겠어요.
  개발팀: 현재 검토할 부분이 있어 이르다고 생각해요. 왜 경쟁사를 의식해야 하죠?

홍보팀: 아직도 모르겠어요? 경쟁사보다 출시일이 늦어지면 홍보를 아무리 해도 결국, 뒤따라가는 브랜드밖에 안 된다고요. 이게 다 개발팀에서 늦장 대응해서 그런 것 아닙니까?

개발팀: 뭐라고요? 지금 우리 탓을 하는 겁니까?

위 상황을 보자. 첫 번째 사례에서 아내와 남편은 자녀가 좋은 환경에서 교육받기를 원하는 마음일 것이다. 두 번째 사례에서 홍보팀과 개발팀은 모두 신제품 출시에 있어 경쟁사보다 좋은 성과를 얻고자 하는 마음일 것이다. 이렇게 서로 같은 마음을 갖고 문제를 더 나은 방향으로 해결하기 위해 대화를 나누고 있지만, 대화가 아닌 말싸움이 되어 버린 이유는 무엇일까? 바로 잘못된 대화방식으로 의견을 나누고 있기 때문이다.

누구나 같은 문제에 대해 이견을 가질 수 있고, 자유롭게 의견을 나눌 수 있다. 이처럼 서로 다른 의견을 나누는 방식을 '논쟁'이라 한다. 하지만 위의 사례처럼 '당신 닮았으면 뱁새겠지 뭐'와 같은 말로 상대방을 비하하는 발언을 하거나, '늦장 대응하는 개발팀 때문'이라며 상대방을 탓하는 말은 대화의 목적을 흐리게 하고 서로의 감정만 상하게 하는 결과를 만든다. 저자는 이러한 대화의 방식을 '소모적인 논쟁'이라 말한다.

소모적인 논쟁, 왜 위험한가?

부부 및 관계 치료 분야의 세계적인 권위자 존 가트맨(John Mordecai Gottman)박사는 워싱턴 대학의 러브랩(love lab)이라는 공간에서 39년여 동안 3,600쌍이 넘는 부부들을 관찰하고 면담하며 데이터를 수집하고 분석하였다[1]. 그 결과 다음과 같이 밝혔다.

"부부 갈등의 원인은 성격 차이가 아니라 대화의 방식에 있다."

그리고 그는 부부 사이의 대화를 15분 정도 관찰하는 것만으로도 앞으로 그들의 결혼이 이혼으로 이어질지, 아닐지를 90% 확률로 예측할 수 있다고 한다. 존 가트맨은 부부 갈등의 원인이 되는 대화 방식의 종류를 두 가지로 소개한다[2]. 첫째는 '원수가 되는 대화'로 상대방의 말에 반박하거나 비웃는 식의 대화이다. 둘째는 '멀어지는 대화'로 상대방의 말에 집중하지 못하고 다른 화제로 급전환하거나 무시하는 식의 대화이다. 이러한 대화의 방식은 서로의 마음을 닫게 만들어 좋은 관계를 유지하기 어렵게 만든다고 말한다.

이처럼 잘못된 소통 방식, 즉 감정만 상하는 소모적인 논쟁은 논리적인 말하기를 방해하고 서로에게 상처 되는 말만 되돌이표처럼 반복하게 만들어 결국 관계까지 해치게 한다.

논쟁, 관계유지 vs 공허한 승리

관계의 중요성에 관하여 인도의 철학자 지두 크리슈나무르티(Jiddu Krishnamurti)는 이렇게 말했다.

"존재한다는 것은 '관계를 맺는다'는 의미이다[3]."

인간은 사회적 동물로 존재하는 한 관계를 맺고 살아가는 것이 당연한 일이다. 그런데 관계는 소통을 통해 만들어진다. 그리고 소통 과정에서 서로의 의견이 다를 때 발생하는 논쟁 또한 자연스럽게 발생하고 피할 수 없다. 삶에서 다양한 주제로 의견 차이가 발생하기 때문이다. 예를 들면, 가정에서는 부부간 자녀교육에 대한 가치관, 생활 방식, 그리고 각자 자라온 집안의 문화 차이 등으로 논쟁은 쉽게 발생한다. 직장에서의 논쟁은 업무수행 방식, 목표 차이, 회의 시 의견 차이 등으로 발생한다. 이러한 차이를 이해하지 못하고 앞서 말한 소모적인 논쟁을 이어간다면 삶에서 중요한 관계까지 위협받는다. 벤저민 프랭클린(Benjamin Franklin)의 명언 중, 이러한 소모적인 논쟁으로부터 관계를 잃는 것이 어떠한 의미인가를 잘 표현해 주는 말이 있다.

"논쟁하고, 지지 않으려 애쓰고, 반박하면 때로는 승리를 얻을 수 있다. 하지만 상대방의 호의를 얻지 못한다면 그것은 공허한 승리에 불과하다[4]."

이처럼 논쟁의 과정에서 서로의 의견이 맞다고 주장하는 것은 경쟁을 심화시켜 누군가는 지고 누군가는 이기는 상황을 만든다. 그러한 과정에서 상대방과의 관계를 잃는다면 그것은 의미 없는 승리일 뿐인 것이다. 그러므로 관계는 소통으로 이루어지고 소통 안에서 논쟁을 피할 수 없다면, 관계를 해치치 않으면서 논쟁하는 것이 중요하다. 그렇다면 관계를 유지하면서 논쟁하는 방법은 무엇이 있을까?

너와 나를 지키는 생산적인 논쟁, 디베이트(Debate)

논쟁은 이기고 지는 게임이 아니다. 서로의 생각 차이를 이해하고 존중하며 더 나은 문제 해결을 위한 과정이다. 그러므로 의견 차이를 좁혀 가면서 Win-Win 할 수 있는 생산적인 논쟁이 되어야 한다. 너와 나를 지키는 생산적인 논쟁 방법을 저자는 'Debate' 대화 방식이라 소개한다. 그럼 'Debate'란 무엇인가? 'Debate'는 우리말로 '토론'이라 해석한다.

국립국어원 표준국어대사전에서는 토론을 '어떤 문제에 대해 여러 사람이 각각 의견을 말하며 논의함'이라고 설명한다. 『토론, 설득의 기술』 책에서는 '대립하는 의견을 가진 양측이 상대방이나 청중을 설득하는 말하기'라 설명하고, 『난생처음 토론수업』 책에서는 '효율적으로 의사결정을 할 수 있도록 정해진 일정 형식 안에서, 서로 의견을 공유하고 상대방을 설득하는 과정'이라 설명한다. 이 책에서는 토론을 '디베이트'(Debate)라 표현하고 다음과 같이 설명한다.

"주어진 문제에 대하여 서로 대립하는 의견을 가진 사람들이 모여 일정한 형식 안에서, 의견을 공유하고 더 나은 의사결정을 도출하는 과정이다."

'디베이트'는 더 나은 문제해결을 위해 두 사람 이상이 다른 의견을 공유하고 설득하는 대화방식이다. 그런데 자칫 잘못하여 자신의 주장을 강하게 내세우게 되면, 이기고 지는 경쟁의 말하기가 되어 버린다. 앞서 말한, 상대방을 배려하지 않고 무조건 자기주장만 맞다고 우기는 말싸움 말이다. 그것은 올바른 디베이트 방식이 아니다. 우리는 가정, 직장, 학교 등 대화를 하는 모든 순간, 서로의 관계를 잘 지키고 유지하기 위해 올바른 디베이트 방식으로 대화해야 한다. 이를 통해 더 나은 문제해결과 좋은 관계를 유지할 수 있다.

02

디베이트(Debate)를 해야 하는 이유와 못하는 이유

올바른 의사결정을 하기 위한 대화방식 '디베이트'를 해야 하는 이유와 못하는 이유에 대해 알아보자.

"마 앗타 호셰프?"

　이스라엘의 가정과 학교에서 가장 많이 하는 말은 "마 앗타 호셰프?"라고 한다. 우리나라 말로 해석하면, "너의 생각은 어때?, 너는 어떻게 생각해?"라는 말이다.[5] 어떤 생각이라도 두려워 말고 적극적으로 이야기하라는 유대인의 전통적인 교육 방식이다. 또한 전성수의 저서 『부모라면 유대인처럼 하브루타로 교육하라』의 내용 중에도 "유대인이 100명이 있다면 100개의 의견이 있다."라고 이야기한다. 즉 같은 문제에 대해서 모두가 다른 생각을 하고 있다는 것을 인정하는 말이다. 이렇듯 유대인은 생활 속에서 질문하고 · 답하고 · 들어 보는 '디베이트' 대화방식을 적극적으로 활용한다. 이러한 '디베이트' 대화방식에는 여러 가지 장점이 있지만 세 가지만 소개하고자 한다.

첫째, 질문을 받음으로써 어떠한 문제라도 피하지 않고 자신만의 독창적인 생각을 통해 문제를 스스로 해결하려는 자세를 배울 수 있다. 질문에 질문을 더하면 우리의 사고는 점차 체계화되고 구체화될 수 있다. 또한 상대방에게 질문을 함으로써 다른 의견에 대한 호기심과 새로운 것을 배우려는 자세를 갖추게 된다.

둘째, 질문에 답하는 과정에서 자신의 생각을 상대방에게 명확하게 말하는 능력이 향상된다. 아무리 좋은 의견이 있다고 해도 그것을 상대방에게 설명하거나 설득하지 못한다면 쓸모없는 생각에 그치게 된다. 실제로 『스마트씽킹』의 저자인 텍사스대학 심리학 교수 아서 마크맨(Arthur B. Markman)은 세상에 두 가지 지식이 있다고 아래와 같이 말했다.

"첫 번째는 설명할 수 없는 지식이다.
두 번째는 설명할 수 있는 지식이다.
진짜 지식은 후자의 지식이다[6]."

이처럼 자신의 생각을 설명할 수 있는 것이 진짜 지식인 것이다. 이러한 설명 능력은 앞서 말한 질문에 답하는 과정을 통해 향상되며, 결과적으로 지식을 넓히고 의사소통능력까지 향상되는 장점이 있다.

셋째, 자신의 의견이 상대방에게 이해되길 바라는 마음처럼 자신 또한 상대방의 의견을 이해하려고 애쓰고 끝까지 경청하는 자세도 배우게 된다. 또한 여러 의견을 듣고 생각하면서 창의적으로 문제를 해결하는 방법을 배울 수 있다.

우리는 늘 다양한 문제와 의견을 마주하게 된다. 그 순간 피하거나 침묵하는 방법보다는 자유롭게 서로의 의견을 묻고, 자신의 의견을 말하고, 상대방의 의견을 들어 보는 대화 방식인 디베이트를 실천해 보는 것이 어떨까?

그런데 많은 사람들이 '디베이트' 소통 방식을 낯설게 느끼고 어려워한다. 왜냐하면, 우리는 유대인처럼 생각을 묻고 표현하는 대화보다는 듣고 수용하는 대화가 익숙하기 때문이다. 그렇다 보니, 올바른 '디베이트'를 하는 것은 어려운 일이다. 저자는 그 이유로 세 가지를 제시하고자 한다.

첫째, 정답이 있을까?

당신은 어떻게 하겠는가? 다른 이성과 함께 식사하는 자리에서 다른 이성이 깻잎끼리 엉켜 한 장을 못 떼고 있다면, 깻잎을 눌러 줄 것인가? 안 눌러줄 것인가? 이번에는 바꿔서 생각해 보자. 당신이 사랑하는 사람이 다른 이성의 깻잎을 눌러 준다면 어떻겠는가? 매너라 생각이 들겠는가? 오지랖이라 생각이 들겠는가?

위의 이야기는 SBS 예능프로그램 『미운우리새끼』에 스페셜 MC로 출연한 가수 노사연의 실제 사연이다. 프로그램 패널로 출연 중인 어머님들 간의 의견 또한 찬성과 반대로 나뉜다. 그 내용은 아래와 같다.

- **깻잎 대첩: 매너인가? 오지랖인가?** (SBS 미운우리새끼 _ 엇갈리는 어머님들의 의견)[7)]

  이선미(가수 김건모의 母):
  "잡아 주게 놔 둬요. 깻잎 잡아 주는 게 어때서!"

  지인숙(개그맨 박수홍의 母):
  "종일 깻잎을 떼든 말든 왜 남자가 그걸 신경 쓰냐고요. 내 남편이 딴 여자 깻잎을 눌러 주면 남편 젓가락이 깻잎에 닿는 건데 먹는 사람도 기분이 이상할 것 같아요."

위 내용처럼 다른 이성의 깻잎을 눌러 주는 일에도 사람들은 찬·반으로 나누어 대화를 한다. 이러한 대화를 나누는 이유는 무엇일까? 누가 옳고 그른가를 겨루기 위한 것일까?

사람들은 각자가 살아온 신념과 가치관대로 생각하고 그 기준에 따라 찬성과 반대를 결정한다. 그리고 서로의 의견을 공유한다. 이 과정에서 서로의 다름을 이해하고 상대방의 가치관을 파악할 수 있다. 하지만 사람들은 이러한 과정 속에서 자신의 생각이 정답인 것처럼 대화를 나눈다. 그리고 자신과 다른 의견은 잘못된 것이라 판단하곤 한다. 이러한 흑백논리와도 같은 생각, 즉 모든 문제를 흑 아니면 백, 선이 아니면 악이라는 두 가지 방식으로만 구분하는 이분법적 대화는 올바른 '디베이트'를 방해한다. 올바른 '디베이트'를 하기 위해서는 '정답'을 찾는 대화가 아닌, 서로의 다른 생각을 이해하고 수용하는 대화를 해야 한다.

또한 의견을 말하는 사람과 의견 자체를 구별하지 못하고 생각이 다르다는 이유로 상대방을 싫어하게 되는 경우가 종종 있다. 의견은 언제든 경험을 통해 그리고 의견을 나누는 과정에서도 충분히 변할 수 있다. 그러므로 의견을 말하는 사람과 의견 자체를 구별해야 한다. 이것이 저자가 말하는 문제의 해답을 찾는 과정, 즉 올바른 '디베이트'라 말할 수 있다.

둘째, 좋은 게 좋은 거다?

- **친구랑 여행 준비 중에 벌어진 일**

    성희: 비행기 표 예약되었을까?

    주화: 아직 며칠이 남아서 이번 주 주말에 하려고…

    성희: 응 그래.('성수기라서 주말에 좌석 잡기가 어려울 텐데 괜찮을까?')

    (주말 당일)

    주화: 좌석이 만석이라는데 어쩌지?

    성희: 내가 이럴 줄 알았다니까!

    주화: 뭘 알았는데? 그럼 왜 미리 말해 주지 않았어? 너라도 알아보지!

무엇이 문제일까? 서로 다른 성격 때문인 걸까? 분명 꼼꼼한 성격과 덜렁한 성격 차이 때문일 것이다. 그런데 왜 '성희'는 '주화'에게 예상되는 문제에 대해 말하지 못하고 덮어 두었을까?

우리나라 말에 '좋은 게 좋은 거지!'라는 말이 있다. 이 말은 다소 미흡하거나 석연치 않더라도 큰 문제가 아니면 적당한 선에서 타협하는 것이 서로에게 좋은 일이라고 생각될 때 쓰는 말이다. 분명 어떤 문제는 덮어 두고 기다려서 좋은 결과를 만들어 낼 때도 있다. 하지만 이 상황은, 문제가 있음을 인식하거나 예상하였는데도 불구하고, 말했을 때 생길 갈등이 두려워 문제를 덮은 것이 문제이다. 이럴 경우, 해결되지 않은 문제가 나중에 수면 위로 올라와 서로의 잘못을 따지며 원망하는 경우도 발생한다.

위 사례를 보자. '성희'는 성수기라 비행기 예약이 어렵다는 문제를 예상했지만, 친구의 의견에 굳이 '긁어 부스럼', 즉 친구와 반대되는 자신의 의견을 말함으로써 걱정을 일으키거나 문제를 만들고 싶지 않아 자신의 의견을 잠시 묻어 두었다. 그 결과 예상한 문제가 현실이 되자, "내가 이럴 줄 알았다니까!"라며 친구의 잘못을 탓하게 되어 서로 감정이 상해 버리는 대화가 되었다.

그럼 왜 우리는 '좋은 게 좋은 거지', '긁어 부스럼 만들지 마라' 등의 말로 문제를 덮어 두고 갈등 상황을 피하는 것일까?

한국 사람들은 학연, 지연 등 다양한 연줄로 집단을 묶으며 그 집단에 소속되는 것을 중요하게 생각하고 공동체 생활을 강조해 왔다. 공동체 문화와 정서는 우리가 흔히 사용하는 말속에도 숨어 있다. 한국 사람들은 '우리'라는 말을 즐겨 사용한다. 우리나라, 우리 가족, 우리 학교 등 공동체적 정서가 일상에 녹아 있음을 알 수 있다[8]. 이처럼 공동체 문화를 중시하는 한국 사람들은 개인보다 관계를 중요하게 생각하기 때문에 갈등보다는 배려, 이해, 양보 등을 강조해 온 것이다. 이러한 문화와 정서로 인해 자신의 의견이 관계에 좋지 않은 영향을 미칠까 봐 두려워하고 조심스러워하는 것이다.

하지만 '디베이트'를 하기 위해서는 먼저 문제를 인식하고 그 문제에 대한 자신의 의견을 말하는 것부터가 출발이다. 그러므로 자신의 의견으로 발생할 수 있는 갈등을 두려워하거나 관계를 잃을까 봐 걱정하기보다는 서로에게 더 나은 결과를 위해 겪는 과정이라 생각하고 용기를 가져 보면 어떨까? 바로 그 과정이 올바른 '디베이트'의 시작인 것이다.

셋째, 질문하고 받는 것에 대한 두려움

당신은 학교 다닐 때 궁금한 것이 있으면 질문을 하는 학생이었는가? 직장에서 회의 시 동료의 주장에 의문점이 생겨 질문한 적이 있는가? 이러한 질문을 하는 것을 당신은 좋아하는가?

위 질문의 답은 EBS 다큐프라임에 방영되었던 교육대기획 6부작 '왜 우리는 대학에 가는가' 중 5부 『말문을 터라』의 한 장견을 통해 설명할 수 있다.

- 2010년 서울에서 열린 G20 정상회의에서 미국 대통령 오바마의 연설 중에 벌어진 일

  오바마: "한국 기자들에게 질문권을 하나 드리고 싶군요.
  정말 훌륭한 개최국 역할을 해 주셨으니까요."

  한국기자들: "…"

오바마: "없나요? 아무도 없나요?"

한국기자들: "…"

중국기자: "제가 아시아를 대표해서 질문해도 될까요?"

오바마: 저는 한국 기자에게 질문을 요청했어요.

중국기자: "한국 기자들에게 제가 대신 질문해도 되는지 물어보면 어떨까요?"

오바마: "그것은 한국 기자가 질문하고 싶은지에 따라서 결정되겠군요. 없나요?"

한국기자들: "…"

위 장면을 본 다른 기자들에게도 "당신이라면 질문을 할 수 있나요?"라는 질문에 "아니요."라고 대답했다. 왜 우리는 질문하지 못하고 두려워하는 것일까? 왜냐하면 자신이 질문을 하면 상대방으로부터 능력에 대한 평가를 받는다는 생각 때문이다. 실제로 김종식의 저서 『셀프 파워』 내용 중에 우리는 '좋은 질문', 즉 핵심을 간파하는 질문, 사람의 동의를 얻어 내는 질문을 하려고 애쓴다고 말한다. 그러다 보니 의문점이 생겨도 쉽게 묻지 못하게 된다고 한다. 그 심리적 이유로는 자신의 '무지가 드러날까?' 하는 두려움과 상대방으로부터 '무능력하다는 평가를 받을까 봐'라고 설명한다[9].

그럼 질문을 받는 것은 어떨까? 자신의 주장에 누군가 의문을 가지고 질문을 한다면 공격한다는 생각 때문에 화를 내거나, 자신의 허점이 드러날까 걱정을 하는 경우도 있다. 이처럼 우리는 질문을 하는 것도 받는 것도 좋아하지 않고 피하고 싶어 한다는 것을 알 수 있다. 하지만 질문은 '디베이트' 과정에서 꼭 필요한 과정이다. 상대방의 이야기에 집중하고 있다는 적극적인 표현이며 상대방의 의견을 보다 더 깊게 이해하기 위한 도구이기도 하다. 그리고 서로의 생각을 확장하고 자신의 주장을 점검하기 위해서라도 꼭 필요하다. 그러므로 위에서 말한 '좋은 질문'만을 하려고 애쓰지 말고, 타인의 주장을 꼼꼼히 살펴 논리의 허점을 분석하고, 문제를 해체하는 질문을 하는 것은 어떨까?

지금까지 올바른 디베이트를 못하는 이유 세 가지를 알아보았다. 첫 번째는 서로의 의견을 나누는 과정에서 생각의 다양성을 인정하지 못하고 정답을 찾으려 하기 때문에 오히려 감정이 상하는 대화가 된다는 것이다. 두 번째는 한국의 공동체 문화에서 비롯된 '좋은 게 좋은 거지!'라는 생각이 문제를 덮어 두게 하거나 인식조차 못 하게 만들어 디베이트를 시작조차 못 하게 만든다는 것이다. 세 번째는 질문하는 것도 받는 것도 두려워하는 태도가 결국 디베이트에서 중요한 생각의 확장, 점검 그리고 문제를 해체하는 과정을 방해한다는 것이다. 이로 인해 더 나은 의사결정을 하지 못하게 만든다.

올바른 '디베이트'를 하고 싶은가? 그렇다면, 다음 세 가지를 기억하자.

첫째, 정답이 아닌 해답을 찾기 위해 의견을 나눠라.
둘째, 문제를 인식하고 의견을 말하라.
셋째, 질문을 통해 의견을 점검하고 확장하라.

03

디스배틀이 아닌 디베이트(Debate)를 하기 위한 방법 3가지

다른 의견을 가진 사람과 소통 시 상대방의 의견에 비난하는가? 비판하는가?
비난하지 않고 비판하는 대화 방식인 '디베이트'를 통해
올바른 주장과 반론의 말하기 방법을 배워 보자.

Show me the 리스펙트

- 쇼미더머니 10 디스배틀 편: 던밀스 VS. 황지상

황지상(랩가사 일부)

유학판데 영어를 못해 완전 돌대가리...(생략)

머리 어깨 무릎 발 전부 냄새 나. 던밀스도 유부남? 나도 할 수 있겠다.

던밀스(랩가사 일부)

너의 18세 감각 88년도 출생 아저씨보다 촌스러워.

보라색 나발이고 일단은 거울 보고 뽑아라. 코털!

위의 가사는 상대방에 관한 정보를 수집하고 분석한 후 '어떻게 상대방

을 공격하면 승리할 수 있을까?', 즉 승리를 위한 전략적인 내용을 담은 것이다. 이를 힙합 경쟁 프로그램 『쇼미더머니』에서는 '디스배틀'이라고 부른다. 디스는 디스리스펙트(disrespect, 무례)의 준말로 힙합장르에서 랩을 통해 서로 비난하는 행위를 말한다. 배틀(battle)은 말 그대로 '전투', '다툼', '싸우다' 등의 의미이다. 디스배틀은 디스와 배틀이라는 두 단어가 합쳐져서 상대방을 비난하면서 경쟁하는 싸움을 말한다. 위와 같은 '디스배틀'은 힙합에서만 볼 수 있을까? 그렇지 않다.

우리는 TV 프로그램처럼 게임을 위해 디스배틀을 하지 않는다. 하지만 현실에서도 이러한 상황을 자주 겪는다. 앞서 나온, 자녀교육 문제로 대화를 나누는 부부 사례를 보자.

'자녀에게 무엇이 최선의 영어교육 방법일까?'라는 주제로 이야기 나누다가 아내의 의견이 마음에 들지 않은 남편은 "뱁새가 황새 따라가다 가랑이 찢어진다."라는 이야기를 했다. 이에 화가 난 아내는 "당신 닮았으면 뱁새겠지 뭐!"라며 남편의 근거 없는 논리에 비난하는 말을 했다. 이렇게 상대방의 의견에 비논리적으로 비난하면서 주고받은 대화가 힙합에서의 디스배틀과 뭐가 다른가? 그럼 디스배틀이 되지 않으려면 어떠한 태도로 상대방의 의견을 바라보고 생각해야 하는가? 바로 '디스리스펙트'(disrespect, 무례)가 아닌 '리스펙트'(respect, 존중)의 태도이다.

리스펙트의 어원은 라틴어로 Re(다시 한 번) + spectáre(보다), 즉 '다시 한번 살펴보다'라는 의미다. 즉 상대방과 다른 의견을 마주했을 때 상대방 입장에서 그 의견을 한번 더 생각하고 고민하는 자세가 바로 리스펙트(respect, 존중)인 것이다.

문제를 잘 해결하고 싶은가? 더 나은 의사 결정을 하고 싶은가? 그럼 보여 줘라. 상대방에 대한 존중의 마음을 말이다. 그래야 관계도 지키면서 서로의 다른 의견을 잘 공유하고 더 나은 의사결정을 할 수 있다.

올바른 디베이트를 하기 위한 방법을 'Debate'라는 단어의 여섯 개 알파벳 글자를 두 개씩 쪼개어 세 가지 방법으로 소개한다. 첫째, 'De': Deletion(삭제)이다. 디베이트를 흐리게 하는 대화를 삭제해서 서로 존중하는 의견을 나누는 것이다. 둘째, 'Ba': Balance(균형)이다. 대화의 양의 균형을 맞춰 한 사람으로만 이야기가 전개되는 것을 예방하는 것이다. 또한 속도의 균형을 맞춰 대화의 분위기와 전달력을 조절한다. 셋째, 'Te': Technic(기술)이다. 의견을 말하는 기술과 반대하는 기술을 익혀 올바른 주장과 반론을 하는 것이다. 그럼 지금부터 하나씩 자세히 알아보자.

De: Deletion 삭제하라

1) 주제에 벗어나는 대화를 삭제하라

문제를 해결하기 위해 서로의 의견을 나누는 과정에서 누군가 주제에 벗어난 이야기를 한다면 어떨까? 주제에 벗어나는 이야기로 인해 더 이상 토론이 이뤄질 수 없을 뿐 아니라 엉뚱한 결론이 날 수 있다. 그러므로 주제에 벗어나는 대화를 삭제해야 한다.

그렇다면 주제에 벗어나는 대화는 과연 무엇일까? 다음의 재미있는 동화를 통해 알아보자.

- **주제에 벗어난 해결책을 낸 릴라 아저씨 이야기**[10]

    라이온: "미세먼지를 해결할 수 있는 방법을 찾아봅시다."
    릴　라: "미세먼지가 심하다는 건 마을의 환경이 오염됐다는 겁니다. 우리 마을을 더럽히는 쓰레기를 아무데나 버리지 않도록 쓰레기통이나 설치하는 것이 어떨까요?"
    다람이: "미세먼지 문제를 해결하는 데 왜 쓰레기통을 만들거야 하나요?"
    릴　라: "미세먼지나 쓰레기가 마을을 더럽게 만드는 건 마찬가지이기 때문이지…"
    다람이: "쓰레기통을 만들면 미세먼지가 사라지나요?"
    릴　라: "밤톨만 한 놈이 뭘 그리 따지고 물어? 어른이 그렇다면 그런 줄 알면 되지…"

릴라 아저씨의 의견에 당신은 동의하는가? 동의하지 못한다면 왜 그럴까? 릴라 아저씨는 미세먼지를 해결하기 위한 의견을 낸 것이 아니라 '마을을 어떻게 하면 깨끗하게 만들 수 있을까?'에 대한 의견을 냈기 때문이다. 즉 주제에 벗어난 의견을 말하고 있어 엉뚱한 해결책이 나온 것이다. 그리고 릴라 아저씨는 다람이의 질문에 대해 자신의 의견을 말한 것이 아닌 상대방을 공격하는 말로 "밤톨만 한 놈이 뭘 그리 따지고 물어?(생략)"라고 말했다. 이 또한 주제에 벗어나는 대화이므로 삭제해야 한다. 그래야 올바른 '디베이트'를 통해 더 나은 의사결정을 할 수 있다.

2) 상대방과 상대방 의견을 비난하는 대화를 삭제하라

'디베이트'는 찬·반이 나뉜 상황에서 서로의 주장이 상대방에게 받아들여지기 바라는 설득의 과정이 들어간다. 설득을 국어사전에서 찾아보면 '상대방이 이쪽 편의 이야기를 따르도록 여러 가지로 깨우쳐 말하는 과정'을 뜻한다. 그렇다 보니 앞서 재차 강조한 것처럼 설득하는 과정에서 의도치 않게 감정이 상하는 순간들이 생기고 갈등이 발생하기도 한다. 이러한 순간들을 들여다보면, 상대방과 상대방 의견에 비논리적으로 비난할 때 발생함을 알 수 있다. 그러므로 비난이 아닌 비판의 말하기를 통해 올바른 '디베이트'를 해야 한다. 그럼 비난과 비판의 차이점을 알아보자.

비난의 비(非)는 비방한다(남을 비웃고 헐뜯어서 말함)는 뜻이고, 난(難)은 힐난한다(트집을 잡아 거북할 만큼 따짐)는 의미이다. 곧 상대방을 어떠한 근거 없이 판단해서 부정적으로 보며 나쁘게 말하는 것을 의미한다. 그에 반해 비판의 비(批)는 비평한다(사물의 옳고 그름, 아름다움과 추함 따위를 분석하여 가치를 논함)는 뜻이고, 판(判)은 바로 잡는다는 것이다. 곧 상대방의 잘못된 주장과 근거를 지적하고 대안을 제시하면서 말하는 것을 의미한다.

그럼 다음 대화에서 주화의 의견에 누가 비난을 하고, 비판을 하는지 찾아보자.

- **'부모의 자녀 체벌 금지 법제화'를 추진하는 것에 대한 찬·반 의견**
  주화: "부모가 자녀를 체벌하는 것을 나라에서 금지시킨다는 거 어떻게 생각해?

나라가 개인의 생활에 너무 깊숙이 관여하는 거 아니야?
부모는 자녀를 교육하기 위해서 체벌, 다시 말해 훈육이 필요한데 훈육을 학대로 너무 확대해석한 거라 생각해."

나래: "자녀 체벌 금지를 반대하는 이유가 체벌과 학대가 다르기 때문이라고 하는 거야? 교육이라는 말로 얼마나 많은 학대가 일어나고 있는지 알면서, 반대하는 건가? 주화는 모범생이라 혼나 본 적이 없어서 그런가?"

성희: "주화는 체벌과 학대는 다르다고 생각하는구나!
분명 부모는 교육을 위해 훈육했다고 생각할 수 있어.
그런데 자녀가 이를 폭력으로 받아들인다면 체벌은 폭력의 행위이지 않을까?
그러므로 아동의 인권 보호를 위해서라도 자녀 체벌은 금지되어야 한다고 생각해. 최근 훈육의 이유로 가정 내 심각한 아동학대 사건이 잇따라 발생하고 있잖아. 법으로 명확하게 규정할 필요가 있어."

위의 대화에서 비난하는 사람은 '나래'이다. 근거와 대안도 없이 상대방의 의견을 반대했고 모범생이라며 비아냥거렸기 때문이다. 이와 같은 상황은 주화와 나래 간의 갈등만 만들어 낼 뿐이다. 반대로 비판을 하고 있는 사람은 '성희'이다. 성희는 나래의 이야기를 충분히 이해하고 분석했으며, 체벌은 행위자보다 당하는 자의 생각에 따라 폭력으로 바뀔 수 있음을 이야기했다. 그 근거로 최근 아동학대 사건을 이야기했다. 이처럼 상대방의 의견을 반대할 때에는 비난의 대화는 삭제하고 비판을 해야 함을 기억하자.

Ba: Balance 균형을 맞춰라

밸런스 게임을 아는가? 극단의 상황 두 가지를 제시하여 굳이 한 가지 상황을 고르게 하는 게임이다. 예를 들면, '갈등상황에서 반드시 이겨야 한다' 또는 '갈등은 무조건 피해야 한다' 중 하나만 고르게 하는 것이다. 이 게임의 의미는 뭐든 한쪽 상황으로 치우치면 탈이 날 수밖에 없기 때문에 밸런스, 즉 균형을 맞춰야 한다는 것이다. 그래야 훨씬 안정적인 결과를 만들 수 있다.

올바른 '디베이트'도 마찬가지다. 자신의 의견만 계속 주장하고 상대방의 의견을 듣지 않는다면 이것은 올바른 '디베이트'가 될 수 없다. 그러므로 대화 양의 균형을 맞추기 위해서는 상대방의 의견도 경청할 줄 알아야 한다. 실제로 한 설문조사에 따르면, 직장인 10명 중 8명이 '직장 내에서 소통장애를 겪어 본 적이 있다'고 답했다. 또한 그 원인으로 55%의 응답자가 '상대방의 말은 듣지 않고 자기 말만 하기 때문'이라고 뽑았다[11]. 이처럼 상대방의 의견을 경청하지 않고 자신의 의견만 말하는 대화는 소통의 장애, 즉 올바른 '디베이트'를 방해하는 것이다. 자신의 의견을 주장했다면, 상대방의 의견에도 귀 기울여 주자.

그런데 왜 사람들은 경청을 잘 못하는 것일까? 그 이유를 심리학자들은 '확증 편향' 때문이라고 지적한다. 사회심리학자 앨리엇 애런슨(Elliot Aronson)은 '확증 편향'이란 원래 가지고 있는 생각이나 신념을 확인하려는 경향성이라고 말한다[12]. 즉 사람은 보고 싶은 것만 보고 듣고 싶은 것만 듣는다는 말이다. 실제로 스탠퍼드대 학생들을 대상으로 실험한 내용에서 확인할 수 있다. 사형제도에 찬성하는 학생들과 반대하는 학생들에게 사형제도의 효과, 즉 범죄억제에 대한 상반된 연구 두 가지를 보여 주었다. 두 그룹 모두 자신의 생각을 지지하는 연구에 대해서는 '역시 그렇지'라고 하면서도, 자신의 생각과 반대되는 연구에 대해서는 다양한 이유를 들어 잘못되었을 가능성을 이야기했다[13]. 결과적으로 반대되는 증거가 있어도 자기주장에 뒷받침할 수 있는 주장만 선택적으로 들으면서 주장을 더욱 확고히 해 나아가는 것을 알 수 있다. 이러한 확증 편향의 심리적 요인 때문에 자신과 반대되는 의견을 듣기 어려워한다. 하지만 올바른 '디베이트'를 하기 위해서는 상대방의 의견을 듣고 난 후에 자신의 주장이 나은 결과를 만들 수 있음을 주장해야 한다. 그러기 위해서는 상대방의 의견을 비판적 사고를 가지고 끝까지 경청해야 한다.

또한 분위기와 전달력에 영향을 줄 수 있는 말의 속도를 균형 있게 조절하는 것도 중요하다. 다그치듯이 속도감을 주면서 말한다면 상대방은 불편감을 느낄 것이다. 그뿐만 아니라 전달력 또한 떨어진다. 그렇다고 너무 천천히 말한다면, 지루하고 따분한 분위기로 상대방이 집중하기 힘들다. 그리고 '주장에 자신 없는 사람'으로 생각될 수 있다. 그러므로 너무 빠르거나 느리지 않게 속도에 균형을 맞추자.

Te: Technic 기술을 익혀라

데블스 애드버킷(devil's advocate)이라고 들어 보았는가? '데블스 애드버킷'이란 의도적으로 반대 입장을 취하면서 선의의 비판적 역할을 하는 사람을 의미한다. 앤디 그로브(Andy Grove) 전 인텔 CEO는 의사 결정하는 회의 시 의도적으로 '데블스 애드버킷'을 활용했다고 한다. 그 이유는 무엇일까? 앤디 그로브는 다음과 같이 말했다.

"문제를 덮어 두지 않고 적극적인 토론을 통해 발전적으로 해소하기 위함이다. 바로 '건설적인 대결' 문화가 인텔이 성공한 가장 큰 원동력이다[14]."

이는 더 나은 문제해결을 위해서는 적극적인 '디베이트' 과정이 필요하다는 말이다. 그럼 올바른 '디베이트' 과정을 위한 말하기 기술은 무엇이 있을까? 첫째, 자신의 주장을 말하는 방법과 둘째, 상대방의 의견을 반론하는 방법이 있다. 지금부터 주장과 반론하는 기술에 대해 알아보자.

1) 주장하는 기술을 익혀라

어떠한 문제에 대해 자신의 의견을 말하는 것이 주장이다. 그러나 의견, 즉 주장만 말하는 것은 상대방을 설득하기 어렵다. 예를 들어 2021년부터 22년까지도 이슈가 되었던 '방탄소년단(BTS) 병역특례'를 주제로 찬성하는 주장을 해 보자.

"방탄소년단에게도 '예술요원'과 '체육요원'처럼 병역특례를 적용해야 한다."

이 문장만으로 상대방을 설득할 수 있을까? 분명 상대방은 '그들이 왜 예술요원과 체육요원처럼 병역특례를 받아야 하는데?'라는 의문이 생길 것이다. 그러므로 주장한 이유를 들어 설명해야 한다.

"대중문화를 제외한 예술 분야에선 42개의 콘테스트에 가서 우승을 하면 병역을 면제해 주고 있다. 마찬가지로 대중문화에서도 '빌보드 뮤직 어워드'와 '아메리카 뮤직 어워드' 등과 같은 세계적인 시상식에서 수상을 한다면 병역특례를 줘야 한다. BTS는 팝의 본고장인 미국에서 '아메리칸 뮤직 어워즈' 대상을 수상하고 한류를 알렸기 때문에 병역특례를 적용해야 한다[15]."

여기에 이유를 뒷받침할 객관적 자료를 추가하면 더욱 자신의 주장이 논리적으로 명확해질 것이다. 예로 BTS의 경제적 효과를 분석한 현대경제연구원의 2018년 보고서를 제시하겠다.

"또한 BTS의 연평균 생산유발효과는 약 4조 1천억 원, 부가가치 유발 효과는 1조 4천억 원이라고 현대경제연구원에서 분석결과를 내놓았다. 현재 병역특례를 받고 있는 '체육요원'의 올림픽 메달 1개의 가치는 2,690억 원이다. 누가 더 국위를 선양한 것인가."

마지막으로 자신의 의견을 재차 강조하는 것으로 자신의 주장을 더 명확하고 정확하게 상대방에게 전달하는 것이다.

"지금까지 국위선양의 가치로 봤을 때 대중문화가 '체육요원'이나 '예술요원'과 다르지 않음을 알 수 있다. 그러므로 한류를 알리고 국위선양 한 BTS도 공정성에 따라 병역특례를 적용해야 한다."

위의 말하는 기술을 정리해 보면 4단계로 나눠 볼 수 있다. 첫 번째, 문제에 대한 자신의 의견을 주장한다. 두 번째, 주장에 대한 이유를 설명한다. 세 번째, 근거를 제시한다. 네 번째, 재차 강조하는 주장을 한다. 이와 같은 4단계로 주장하는 기술을 연습하고 익히자.

[그림1] 주장하는 기술

2) 반론하는 기술을 익혀라

앞서 상대방 의견에 반대할 때에는 비난을 삭제하고 비판하자고 이야기했다. 상대방 의견에 대해 비판적 사고를 가지고 반대하는 것이 바로 반론하는 기술이다. 그림 위에 주장한 내용을 반론해 보자.

우선 반론을 하려면, 상대방의 주장 중에 어떤 의견에 대한 반론인지를 명확하게 밝혀야 한다.

"국위선양의 가치로 봤을 때 대중문화도 '체육요원'이나 '예술요원'과 다르지 않기 때문에 병역특례를 적용해야 하는 이유가 공정성 때문이라고 주장하였다."

그런 다음 나의 주장과 이유, 근거 그리고 재주장은 앞에 제시한 주장의 기술과 같다.

"하지만 BTS가 '아메리칸 뮤직 어워드' 대상을 수상해서 한류를 알렸다는 이유와 경제적 파급효과를 가져오기 때문에 병역특례를 적용한다는 것은 공정성과 맞지 않는 주장이다.(주장) 왜냐하면 올림픽과 콩쿠르 같은 국제대회에는 정확하고 객관적인 심사 기준이 있는데, '아메리칸 뮤직 어워드'에는 객관적인 심사 기준이 없기 때문이다.(이유) 또한 세계적으로 인기를 얻은 드라마 '오징어 게임'이나 영화 '기생충'은 제92회 아카데미 시상식에서 최고 권위인 작품상과 감독상, 각본상, 국제영화상 등 4관왕의 영예를 차지했다. 그럼 연기자도 감독도 병역특례를 받아야 하는 거 아닌가? 다른 분야와의 형평성 논란이 생길 수 있다.(근거) 그러므로 공평하게 적용되어야 할 병역이기 때문에 객관적 기준에 따른 범위를 최소화하여야 한다. 따라서 BTS에게 병역특례를 적용하는 것을 반대한다."

반론의 기술을 정리하면, 첫 번째, 반론할 상대방의 주장을 요약한다. 두 번째, 반론한다. 세 번째, 반론하는 이유를 설명한다. 네 번째, 이유의 근거를 제시한다. 다섯 번째, 반론한 주장을 재강조한다.

[그림2] 반론하는 기술

　올바른 '디베이트'를 하기 위해서는 상대방 또한 문제를 잘 해결하기 위한 마음으로 '디베이트'에 참여한다고 믿어라. 그러한 믿음이 상대방에 대한 존중의 마음을 키운다. 상대방을 존중하는 마음은 상대방 의견을 끝까지 경청하게 하는 집중력을 준다. 집중력은 상대방의 의견을 이해하고 다른 점을 면밀하게 분석할 수 있는 힘을 준다. 그 결과 근거 없는 비난이 아닌 비판적 사고를 통한 반론을 할 수 있게 만든다. 무엇보다 중요한 것은 '디베이트' 상황에서 누구나 다른 의견을 자유롭게 이야기하는 분위기를 만들어 주어야 한다는 것이다. 그러므로 명확하고 정확하게 자신의 의견을 말할 수 있도록 위에 제시한 방법을 연습하고 익혀 더 나은 의사결정을 하기 바란다.

04

문제해결의 최적안, 디베이트(Debate)

아직도 '디베이트' 대화 방식이 어렵고 두려운가?
더 이상 '디베이트'가 나쁘다는 생각을 버려라.
'디베이트'는 문제를 해결하기 위해 서로가 의견을 나누는
중요한 과정이라 믿어라.

설득될 준비가 되어 있는가

의사결정은 동전처럼 양면성을 가진다. 예를 들어, 잠을 자면 피로를 줄일 수 있지만 무언가를 할 시간이 부족해진다. 잠을 덜 자면 일할 수 있는 시간은 늘어나지만 피로는 높아진다[16]. 이처럼 완벽한 의사결정은 없으므로, 더 나은 의사결정을 하기 위해 우리는 의견을 나눈다. 그 대화 방식에는 토의와 토론이 있는데 이 두 가지에는 공통점과 차이점이 있다. 공통점은 두 명 이상이 함께 말로 의견을 공유하고 더 나은 의사결정이라는 공통된 목표를 가지고 있다는 것이다. 그럼 차이점은 무엇이 있을까? 우선 사전적 정의를 통해 알아보자.

- **토의:** 어떤 문제에 대하여 검토하고 협의함

- **토론:** 어떤 문제에 대하여 여러 사람이 각각 의견을 말하며 논의함

위 정의에 따르면, 토의는 각자 의견을 교환하여 협의를 통한 결론을 만드는 것이고, 토론은 각자 상반된 주장을 가지고 상대방의 의견을 반론하면서 설득하는 과정이다. 토의와 토론의 가장 큰 차이점이 바로 찬·반 의견과 의견일치를 통한 결론의 유무이다. 토론에는 반드시 찬·반 의견이 존재해야 한다. 또한 토론의 목적은 상호 의견을 일치시키는 데 있는 것이 아니라, 각자 자신의 타당함을 주장하며 상대방을 설득시키는 것에 있기 때문에 경쟁의 특징을 갖는다. 경쟁은 승패에 집중하게 만들고 이는 더 나은 의사결정이라는 목표를 망각하는 상황을 종종 만들어 내기도 한다. 그러한 극단적인 형태의 토론을 저자는 '디스배틀', '말싸움', '소모적인 논쟁' 등으로 표현하였다.

토론의 목적은 승패를 가르는 것이 아니라 더 나은 의사결정이다. 이를 위해, 토론은 상반된 의견을 나누고 문제의 양면을 검토하여 생각을 확장하는 의미 있는 과정이라 믿어야 한다. 그러한 믿음은 상대방에게 설득될 준비를 갖추게 한다. 즉 자신보다 상대방의 주장이나 근거가 더 타당하다면 그것을 인정하고 수용하는 자세가 필요하다는 것이다. 그러한 열린 자세가 서로의 의견을 존중하는 올바른 디베이트 과정을 만든다.

디베이트(Debate)할 준비가 되어 있는가

당신은 부모님, 선생님, 상사 등 윗사람에게 자신의 이야기를 자유롭게

이야기하고 반대되는 의견에 'NO'라고 말해 본 적이 있는가? 수직적 문화에서 의견을 자유롭게 공유하고 반대의견을 말하기란 쉽지 않다. 그래서 많은 기업들이 수직적 문화에서 수평적 문화로 바꾸어 자유롭게 의견을 내고 보다 더 적극적으로 업무를 추진할 수 있는 분위기를 만들기 위해 노력한다. 아무리 좋은 아이디어가 있어도 의사결정자에게 전달되지 않으면 무용지물이 되기 때문이다. 또한 리더가 늘 좋은 판단과 결정을 내리는 것은 아니다. 그러기 때문에 구성원들은 비판적인 사고로 리더의 의견을 파악하고 아닌 부분에 대해서는 이야기할 줄 알아야 한다. 실제로 의약품회사 화이자는 '스트레이트 토크 코인(Straight Talk Coin)' 제도를 통해 누구나 문제를 제기하고 임원 의견에 현실성을 반영한 반론을 하는 등 도전적으로 업무를 할 수 있도록 토론 문화를 중요시한다[17]. 한국동서발전은 '공감토론'을 실시해 세대 간의 가치관 차이를 파악하고 개선하여 수평적 문화를 만들기 위해 노력하고 있다[18].

이처럼 직급에 관계없이 어떠한 주제에 대해 누구나 자유롭게 자신의 주장 또는 반대되는 의견을 말할 수 있는 문화를 만들기 위해 기업들이 선택한 방법이 바로 'Debate'이다. 이와 같은 문화가 지속되기 위해서는 두 가지를 기억해야 한다.

첫째, 상대방의 의견을 존중하고 경청해야 한다. 경청을 하지 않고 상대방의 의견을 중간에 끊거나 나아가 무시하고 비난하는 대화를 한다면 상대방에게 상처만 남기는 대화가 될 것이다. 이러한 대화는 관계까지 해칠 수 있다. 우리의 말이 상대방에게 어떠한 상처가 되었을지 객관적으로 분석해야 한다. 그러기 위해서는 자신의 말하는 방법을 꾸준히 관찰하고 바꾸기 위해 노력해야 한다.

둘째, 자신의 주장과 상대방의 주장에 대한 반론을 효과적으로 전달하는 방법이다. 자신의 주장을 말할 때 주장과 근거 그리고 예시를 통해 상대방의 이해를 돕자. 그리고 상대방의 의견에 반론할 때는 앞서 말한 것처럼 상대방의 주장을 요약하고 질문을 통해 생각의 오류를 스스로 발견하도록 하자. 또한 상대방의 주장에 대한 허점을 강조하기보다는 자신의 주장의 강점을 다시 강조하면서 이야기하는 방법이 좋다.

디베이트(Debate)가 나쁘다는 생각을 버려라

"I may be wrong and you may be right,
but with an effort we may get nearer to the truth"
(내가 틀릴 수도 있고 당신이 맞을 수도 있지만,
결국 이러한 노력을 통해 우리는 진리에 다가갈 수 있다.)

후기 실증주자의 칼 포터의 말이다[19]. 그는 디베이트를 통해 합리적인 근거로 문제에 대한 최적안을 찾아갈 수 있다고 했다.

그동안 우리는 디베이트를 '다소 불편한 상황을 만드는 것'이라 생각하며 피하고 싶어 했는지도 모른다. 왜냐하면 서로의 의견이 대립했을 때 잘못된 대화 방식과 그로 인해 좋지 않은 결과에 대한 경험적 인지 때문이다. 그러나 저자가 제시한 올바른 디베이트의 방식을 연습하고 생활에 적용한다면 많은 효과를 느낄 수 있을 것이다. 그 효과로는 앞서 말한 것처럼 서로 의견을 나누는 과정에서 정보가 확장되고, 자신의 주장을 말하는 과정에서는 의견을 정리하고 다듬는 능력이 개발된다. 또한 상대방의 이야기를 경청함으로써 상대방의 말을 효과적으로 요약하고 이해하는 능력이 향상된다. 그리고 디베이트의 목표인 '더 나은 의사결정을 통한 문제해결' 역시 가능해진다.

그러니 이제 더 이상 디베이트가 나쁘다는 생각을 버려라. 디베이트는 우리 삶에서 발생하는 문제를 해결하기 위한 훌륭한 의사소통 방식이라 믿어라. 올바른 디베이트를 통해 더 이상 의견을 나누는 과정에서 관계를 해치지 않고 잘 유지하기 바란다.

에필로그

에필로그

익숙한 듯 낯선 행복, 그리고 대인관계

행복을 추구하는 익숙한 마음, 낯선 방법

　사람은 누구나 행복하기를 바란다. 실제로 많은 전문가들은 인간의 행복에 대해 끊임없이 연구한다. '인간이 행복하기 위해서는 무엇이 필요할까?', '행복의 비결은 무엇일까?' 시대와 환경에 따라 그 요소들은 조금씩 변할 수 있더라도 인간이 행복을 추구한다는 것은 불변의 진리다. 그렇다면 우리는 행복하기 위해서 얼마나 노력을 할까? 행복하기 위한 방법은 잘 알고 있을까? 사람들은 늘 행복을 추구하면서 정작 그러기 위한 행동은 잘 실천하지 않는 듯하다.

　세계행복보고서(유엔 산하 자문기구인 지속가능발전해법네트워크가 매년 발표)에 따르면, 2021년 한국의 국가 행복지수 순위는 경제협력개발기구(OECD)

37개국 가운데 35위로 최하위권에 그치고 말았다[1]. 이토록 한국의 국가 행복지수 순위가 낮은 이유는 무엇일까? 행복과학 분야의 세계적인 권위자 에드 디너 교수는 '한국인의 낮은 행복감은 지나친 물질주의 때문'이라고 말한다. 실제로 한국을 포함한 선진국 사람들에게 '삶에서 가장 가치 있는 것이 무엇인가'를 조사한 결과, 대부분의 나라가 1위로 꼽은 최고 가치는 '가족'이었다. 전체 순위에서도 가족은 으뜸이었다. 그런데 한국은 '물질적 행복'을 최고 가치로 내세운 유일한 나라였다[2].

하지만 에드 디너 교수는 이보다 더 중요한 것으로 '사회적 관계'를 꼽는다. 삶의 순간들에는 '사회적 관계'가 행복의 결정적 요인으로 작용하기 때문이다. 당신은 행복한 삶을 꿈꾸는가? 그렇다면 먼저, 대인관계를 잘 유지하기 위해 노력하는 것이 필요하다.

행복한 대인관계, 행복한 삶

이 책은 익숙한 관계를 더욱더 잘 유지하는 데 필요한 소통 스킬들에 대해 다룬다. 결국 '관계'와 '소통'은 행복한 삶을 영위하기 위해 꼭 필요한 요소이며 매우 밀접한 관계가 있다. 그런데 우리는 여전히 익숙한 관계 안에서 소통이 잘되지 않아 어려움을 겪고 그로 인해 감정이 힘든 순간도 경험하게 된다.

'행복'은 손에 쥐어지는 물건이 아니다. 삶 순간순간의 긍정적인 감정적 경험을 차근차근 쌓다 보면 그것이 '추억'이 되고 나아가 '행복'이 되는 것은 아닐

까 생각한다.** - 소설 『완전한 행복』의 작가 정유정

 하지만 소설 『완전한 행복』의 문구처럼 행복이나 관계는 단번에 쥐어지는 물건이 아니다. 서로 다른 사람과의 소통은 내 마음과 같지 않으며 또한 완벽하기란 어렵다. 상대방의 마음을 억지로 잡으려고 한다면 결국은 상대방과 더욱 멀어질 뿐이다.

 좋은 대인관계를 유지하기 위해서는 소통을 하는 매 순간 서로의 마음을 알아가기 위한 노력을 통해 관계를 서서히 쌓아 가야 한다. 그렇게 차근차근 긍정적인 관계의 감정적 경험을 쌓다 보면 행복한 대인관계를 유지할 수 있고 나아가 행복한 삶이 될 것이다. 그 행복한 대인관계를 향한 길에 이 책에서 말하는 6가지 관계와 소통의 기술이 도움이 되어 행복한 삶에 점점 가까워지기를 바란다.

참고문헌

01챕터

1) 조지 베일런트(2010). 행복의 조건(이덕남 역). 서울: 프런티어.
2) 김잔디, 김정호, 김미리혜, 윤경희, 최은경, 이연경(2012). 대인관계 스트레스 경험자들의 대처전략. 한국심리학회. 2012(1).
3) 성진규(2021.09.15). 아무튼 퇴사…2030세대의 퇴사율이 높아지는 이유. 하이닥 뉴스.
4) 현주하, 엄기민, 한광희(2009). 사회적 거리와 정서가 도덕 판단에 미치는 영향. 감성과학. 12(4).
5) 애덤 그랜트(2013). 기브앤테이크(윤태준 역). 경기: (사)한국물가정보.
6) 윤지희, 정남운(2004). 대인관계 패턴 질문지 개발을 위한 예비연구. 한국심리학회. 16(4).
7) Granovetter, M.S(1973). The Strength of Weak Ties. American Journal of Sociology. 78(78).

02챕터

1) 안나경, 이우섭(2021.10.18). '[그래?픽!]코로나 이후 늘어나는 층간소음…해결 방법은?'. CBS노컷뉴스.
2) 전홍진(2020). 매우 예민한 사람들을 위한 책. 경기: 글항아리.
3) 하워드 가드너(2019). 하워드 가드너 심리학 총서 1: 지능이란 무엇인가(김동일 역). 서울: 사회평론.
4) 롤프 젤린(2018). 예민함이라는 무기(유영미 역). 서울: 나무생각.

03챕터

1) 수잔 캠벨(2008). 솔직함의 심리버튼(조경인 역). 서울: 애플북스.
2) 노은혜(2020). 말이 상처가 되지 않도록. 경기: 위즈덤하우스.

3) 대한상공회의소(2018.10). 국내기업의 업무방식 실태와 개선해법.

4) 오현태(2015.01.19). 눈감은 양심… 위기 불감증 키운다. 세계일보.

5) 해리 G. 프랑크푸르트(2016). 개소리에 대하여(이윤 역). 서울: 필로소프.

6) tvN STORY(2021). 책 읽어주는 나의 서재. 제1화. 개소리에 대하여.

7) 이민아(2019.09.22). "공유하라, 솔직하라, 권한은 마음껏, 대신 책임져라". 조선일보.

8) 문성욱(2019.01). 소통은 처음 타는 두발자전거와 같아 두려움 이겨야 더 빨리 달릴 수 있어. DBR.

9) Jeremy Adam Smith(2013.05.16). Five Ways to Cultivate Gratitude at Work. Greater Good Magazine.

10) 크리스틴 포래스(2018). 무례함의 비용(정태영 역). 서울: 흐름출판.

04챕터

1) 김춘경 외 4명(2016). 상담학 사전. 서울: 학지사.

2) 이종수. 행정학사전(2009). 경기: 대영문화사.

3) 성진규(2021.08.19). 사람들이 '가장' 좋아하는 대화 주제는?. 하이닥 뉴스.

4) 최건일(2021.06.16). 우리나라 소셜미디어 이용률 89%…대만 제치고 세계 2위. KBS NEWS.

5) 김병만(2021.09.11). SNS하는 이유 '왜'. 레디온.

6) 박서윤, 최홍석(2017.06.10). 누가 저 대신 프레젠테이션 좀 해주세요. 서울: 사이다.

7) 김경일(2021.03.17). 남의 인정을 받는 것보다 더 중요한 한 가지. 유튜브 채널 소확성(소소하지만 확실한 성장).

05챕터

1) 박경환(2021.09.30). 상급자의 부정적 피드백 전달방식으로 공감, 직면, 공격이 피드백 효과성에 미치는 영향. 충남대학교 경영경제연구소. 41(1).

2) 김기호(2013.04.19). 부하가 던진 '돌직구' 피하지 말라. 삼성경제연구소

3) 박원우(2006). 팀웍의 개념 측정 및 증진방법. 서울대학교출판문화원.

4) Sergey Gorbatov, Angela Lane(2018.10). 직원과의 업무 피드백이 '최고의 투자'. DBR.

5) 김정진, 박경규(2008). 다면평가 피드백 수용도 결정요인과 결과에 관한 연구. 한국경영학회. 37(4).

06챕터

1) 김은영(2019.01.14). 3600쌍 부부 39년간 연구해보니… 싸우는 방식 때문에 이혼한다. 조선일보.

2) 홍준헌(2016.04.25). "부부간 '마음 닫거나, 여는 대화'따라 이혼율 큰차". 매일신문.

3) 조은영 외 7명(2021). 소통이 힘든 당신에게. 서울: 북인사이트.

4) 데일 카네기(2019). 데일 카네기 인간관계론(임상훈 역). 경기: 현대지성.

5) 김태윤(2020). 유대인 교육의 오래된 비밀. 서울: 북카라반.

6) 김경일(2013.06.07). 친숙한 것과 아는 것의 차이. 매일경제.

7) 나경연(2018.08.20). '미운 우리 새끼' 노사연, '깻잎 대첩' 다시 논쟁…'외간 여자의 깻잎 눌러준다 vs 안 된다'. 이투데이.

8) 양정은(2019). 한국적 집단주의(우리성, we-ness)가 대인 커뮤니케이션에 미치는 영향에 대한 연구. 한국콘텐츠학회논문지. 19(5).

9) 김종식(2014). 셀프 파워. 경기: 오우아.

10) 김지영(2017.04.09). '[나도 논리왕]논점에서 벗어나지 말아요'. 어린이동아.

11) 이재은(2017.02.03). '님 외계인이세요'…직장인 79% "직장서 소통장애". 뉴시스.

12) 앨리엇 애런슨(2002). 사회심리학(구자숙 역). 서울: 탐구당.

13) 이승련(2013.01.20). 확증편향에 빠지지 않으려면. 중앙선데이.

14) 이상우(2010.12.09). 인텔의 '건설적 대결'혁신…"문제 들춰내는 악마의 옹호자를 키워라". 한경뉴스.

15) 권혁철(2021.11.25). BTS 병역특례, 다시 불붙은 그 까닭은. 한겨레.

16) 양현모 외 5명(2019). 토론, 설득의 기술. 서울: 리얼커뮤니케이션즈.

17) 박용선(2017.04.24). 창의성·도전정신 키우려면 (생략) 직급 상관없이 자유토론 가능한 수평적 문화도 중요. 조선경제.

18) 임진영(2020.07.06). 한국동서발전, '세대간 갈등 해소' 온라인 공감토론 시행. 데일리한국.

19) 허경호(2012). 논증과 토론. 서울: 온소통.

에필로그

1) 이윤주(2021.05.19). '한국 국가행복지수 OECD 37개국 중 35위'. 경향신문.

2) 박은하(2021.11.22). '무엇이 삶을 의미있게 하는가'…한국 유일하게 '물질적 풍요' 1위 꼽아. 경향신문.

저자소개

박소연
로젠탈 클래스 ON 원장으로 '변화를 주도하는 전문가, 행복한 성장에 함께하겠다'는 신념으로 기업교육을 연구하고 콘텐츠를 개발하고 있다. 현재 조직활성화, 팀빌딩, 셀프리더십, 커뮤니케이션, 강사양성과정 등으로 많은 기업과 공공기관에 출강하며 기업과 직원, 개인의 성장을 돕고 있다. 삼성화재, 현대자동차, 농협중앙회에서 10여 년간 사내교육을 담당하며 서강대학교 교육대학원 교육공학 교육행정융합에서 석사를 마쳤다. 저서로는 『슬기로운 자기경영』, 『리드 마이 라이프』가 있다.

김민경
에듀이룸 컨설팅 대표. 숙명여자대학교를 졸업하고 현대자동차(주), NH농협손해보험(주), 삼성전자(주) 한국총괄, 한화호텔앤드리조트(주), (주)KB손해보험에서 10년간 사내강사로 활동했다. 현재 다양한 조직 경험과 다양한 직무 대상자를 교육한 경험을 바탕으로 기업교육 전문강사로 활동하고 있다. '모든 문제의 답은 사람에게 있다'는 철학으로 개인의 성장과 조직의 발전을 위한 강의를 연구하여 교육하고 있으며, 주요 강의 분야는 조직 커뮤니케이션, 서비스 커뮤니케이션, 감정관리, 리더십, CS(고객만족) 등이다. 저서로는 『소통이 힘든 당신에게』가 있다.

박미란

리플교육연구소 대표강사. 코레일유통, 삼성화재해상보험, 현대엘리베이터에서 교육을 담당했으며, 국민대학교 경영대학원 리더십·코칭을 전공하고 있다. 현재 다양한 조직의 근무경험을 바탕으로 전문기업교육 강사의 길을 걷고 있다. 구성원의 원활한 소통이 조직의 성장을 이끈다는 신념을 가지고 커뮤니케이션, 조직갈등관리, 조직활성화, 리더십 코칭을 주제로 연구하며 강의 활동을 하고 있다. 저서로는 『개인과 조직을 살리는 갈등관리 언컨플릭』과 『상사와 후배의 WinWin 갈등관리』가 있다.

이유나

HRD 컨설팅기업 〈와이엔컨설팅〉 대표. CJ푸드빌㈜와 ㈜신세계에서 12년간 인사·교육 기획 업무를 맡았고, 고려대학교 경영전문대학원에서 인사조직 전공의 경영학 석사 학위를 취득했다. 현재 국내 유수의 기업과 공공기관에서 교육 컨설팅 및 온·오프라인 강의를 활발하게 하고 있으며, 주요 강의 분야는 비즈니스 커뮤니케이션, 문제해결, 기획 및 문서 작성, 리더십이다. 〈한국교육놀이문화연구소〉 교육기획 이사를 겸임하고 있으며, 저서로는 『바로 써먹는 21가지 교육프로그램 'Eduplay 실전대본'』과 『디지털 라이프 리부팅』이 있다.

고송이

에듀고(Edu Go) 기업교육연구소 대표. 중앙대학교 교육대학원 교육공학 석사를 마쳤으며, 현대캐피탈, 삼성화재, 현대카드, SK브로드밴드에서 사내 강사와 교육 기획을 담당하였다. 개인과 조직의 건강한 성장을 위한 기업교육을 연구하고 있으며, 주요 강의 분야는 PPT비주얼라이징, 커뮤니케이션, 사내 강사양성을 주제로 기업과 공공기관에 출강하고 있다. 저서로는 『그러니까 제 말은요』와 『고집불통 소통 처방서』가 있다.

강경옥

에듀세움 컨설팅 대표. 경희대학교 언론정보대학원에서 정치커뮤니케이션 전공의 언론학 석사 학위를 취득했고, 현대자동차, 한샘, 신세계 그리고 고촌 F&B에서 교육기획 및 전임강사로 활동했다. 현재 국내 유수의 기업, 공공기관 그리고 대학교에서 갈등관리, 비즈니스 커뮤니케이션, 셀프리더십, 교육 설계 및 운영 등의 주제로 활발하게 강의를 이어가고 있다. 저서로는 『개인과 조직을 살리는 갈등관리 언컨플릭』이 있다.

왜 가까운 사이인데
소통이 어려울까?

초판 1쇄 인쇄 2022년 07월 15일
초판 1쇄 발행 2022년 07월 29일

지은이	박소연 · 김민경 · 박미란 이유나 · 고송이 · 강경옥
편집	이다겸
디자인	박나경
마케팅	안용성, 이홍석
기획	민현기(인사이트랩)
펴낸이	하혜승
펴낸곳	㈜열린길
출판등록	제2020-000047호
주소	서울특별시 성북구 보문로 37길 15, 201호
전화	02-929-5221
팩스	02-3443-5233
이메일	gil-design@hanmail.net

ISBN 979-11-977140-4-7 03190

* Book Insight는 ㈜열린길의 출판 브랜드입니다.

* 책값은 뒤표지에 있습니다.

* 이 도서의 국제표준 도서번호(ISBN)는 국립중앙도서관 서지정보유통지원시스템 홈페이지(http://seoji.go.kr)에서 이용할 수 있습니다.

* 이 책은 저작권법에 따라 보호받는 저작물이므로 무단전재와 무단복제를 금지하며, 이 책 내용의 전부 또는 일부를 이용하려면 반드시 저작권자의 동의를 받아야 합니다.

* 북 인사이트는 교육전문가들의 콘텐츠 개발과 출간을 지원합니다. 좋은 원고가 있으면 언제든 inlab2020@gmail.com으로 보내 주세요.